Before&
Afterでよくわかる!

子どもとともにつくる

体育授業
改善プラン

学校体育研究小学部会 編著

明治図書

はじめに

　個人的なことだが，大学勤務を始めた10年ほど前から公立校の校内研究会や官製の研究会で授業を観る機会が増えてきている。関係の先生方は勤務時間外に授業準備や打合せをすることが多く世の「働き方改革」に逆行しそうだが，意欲的に取り組む先生方の様子を見聞きすると授業研究のおもしろさは十分理解されているように感じている。

　授業づくりには教科内容や教材に関する一般的な知識とともに児童生徒に関する知識や情報が重要である。授業は授業者・学習者・教材があってこそその営みであり，授業者や学習者が異なれば教材の採り上げ方も変わってくる。「この先生と子どもたち」が「この教材」を通して学び合う営みが授業であり，授業づくりには授業者の意図や方針が尊重されることが前提である。

　ところで「よい授業」ができるようになりたいと願う教師1人ひとりが，「よい」を同様にとらえているわけではない。学習成果の上がる授業，子どもが元気に発言する授業，また授業者の思い通りに進める授業など，「よい」の解釈はとても難しい。多様な「よさ」があることを前提に自身の取り組みや授業を公開し他者の意見を聞こうとする教師は，自分の今の考えに疑問を抱きその解決に向かうことを通してさらなる力量向上をめざしていると考えられる。

　思い返せば私自身も小学校教師時代さまざまな研究活動をしてきたが，授業や子どもを語り合う時間は大変充実したものだった。時間には限りがあり話し合った内容すべてに納得したわけではないが，自分の考えを揺さぶられ価値づけられることで，もっと自分が高まらねばという思いを強くしてきた。

　さて私は学校体育研究小学部会に教師1年目から参加し36年が過ぎた。自身の考えをまとめられずそれが授業に露呈してしまうことやそれを仲間から指摘され何も言えなかったことなど，何度も悔しく情けない思いをしてきた。それでもこの会に参加してきたのは「もっとよい体育授業をしたい」という強い思い，そして集まる仲間と過ごす時間が好きだったからである。この会の仲間は誰かから参加を強制されたわけではなく，自らの願いや求めを具体化するため自身の判断で参加している。これが研究サークル活動の醍醐味であり，「来る者は拒まず去る者は追わず」である。長く運営に携わった立場から言うなら，一度去った者がまた戻ろうと思える魅力的な活動をしていきたいと願っていたのが本音であるが。

　そうしたメンバーが各々授業を実践し整理したものを記録化して仲間に公開している。実践中の戸惑いや迷い，自分なりの手ごたえが読者に伝わるよう何度も書き直したものをまとめた実践記録が本書の中心である。この書を手に取り読んでいただく皆さんに多くの批評をいただくこともまた学びの機会である。忌憚のないご批正やご指摘が実践者の栄養となりさらに実践に邁進する原動力となる。期待感と厳しい構えで本書に目を通していただくことをお願いする次第である。

2022年2月

内田　雄三

Contents

Chapter 2

Before & After でよくわかる
子どもとともにつくる体育授業改善プラン

Chapter

1

よい授業って
どんな授業？

1 「子どもとともにつくる授業」の意義と可能性
〜主体的・対話的で深い学びへと誘う教師の構え〜

1 「子どもとともにつくる授業」という視点

❶ はじめに

　「子どもともにつくる授業」は，筆者が小学校教諭であった21年間こだわり続けた授業観です。正確に言えば，教職７年目に異動した東京学芸大学附属世田谷小学校において，学校を挙げて追究したテーマでした。教育の世界では，子どもたちが学びに対して主体的になる姿をつねに求めてきました。「学び手を自走させること」は，学校教育における主たる目的の１つであると言えるでしょう。「はじめに子どもありき」といった理念のもとで子ども中心に授業を設計し，学びを創造する取り組みは，多くの教師たちがチャレンジしてきましたし，これからもその追究は続くでしょう。しかし，ともすると「子ども任せ」になったり，教師が指導性を発揮することに躊躇したりする状況を引き起こす現状も議論されてきました。子どもが主体的に学ぶ姿を求めるがゆえに，「どこまで教えていいのか」「指導性を発揮してよいのだろうか」と迷う教師は少なくないでしょう。筆者が初任者だった1990年代の中頃は，「指導ではなく支援」という考え方が推奨され，教師はいかにして子どもの学びを支える存在になるかということが授業づくりや授業研究の視点となっていました。そのようなときに出合ったフレーズが，「子どもとともにつくる授業」だったのです。

　「子どもがつくる授業」でもなく，「教師がつくる授業で」でもない，「子どもと教師がともにつくる授業」という視点は，目から鱗が落ちる思いで受け止めました。以降，座右の銘になり，大学教員になった今も，学生との授業やゼミは「ともにつくる」という意識を強くもっています。もちろん，このフレーズは魔法の言葉ではありません。むしろとても奥深く難しいことです。今までの実践を振り返ってみても，それが本当に実現した授業は数少ないかもしれません。しかし，子どもたちの発言やつぶやきをつなぎ，問いを立て，対立や葛藤を繰り返しながら解決に向かっていったプロセスは，今でも鮮明によみがえります。教師として子どもたちに問いかけたり引き出したりするだけでなく，ともに考え，ともに悩み，ともに解決に向かおうとする学び集団の１人であったと思います。その中で，子どもたちどうしで意見をつないだり，誰かの発言やつぶやきから授業の方向性が大きく変わっていったりしていくことに感心することもありました。それは，多くの子どもたちが「自分事」として学習の課題に向かい，学びを進めていく姿であったと捉えられるのです。そう考えると，「子どもとともにつくる授業」とは，現代叫ばれている「主体的・対話的で深い学び」の１つの形であると言えるのではないでしょうか。

　「子どもとともにつくる授業」には，主体的・対話的で深い学びが実現する可能性があると捉え，その学びに誘っていく教師の構えや役割について，筆者の実践事例を交えながら考えて

みたいと思います。

❷ 教師の役割と構え

　当然ですが，子どもたちと教師は全く同じ立場ではありません。授業においては教師としての役割が存在します。どんな授業でも，スタートは教師からの投げかけで始まることが多いでしょう。まず大事なのは，ずっと教師が提示したり指導したりするのではなく，子どもに考えさせたり工夫させたりするという基本を外さないことです。そして，みんなで追究する学習課題を設定する場合は，教師の意図や学ばせたい内容を明確にしたうえで，子どもたちの中から引き出していくという構えが肝心です。

　体育学習では，まずは子どもたちが夢中になって動いたり運動したりする状況をつくることが求められます。その中で，子どもたちが動きを工夫したり，おもしろい動きを考えて試したりしている姿を見つけていきます。「もっとこうしたい！　こうなりたい！」という気持ちが醸成され，切実感が伴ってくると，「それを実現させるにはどうすればいいのだろうか？」という問いが生まれてくるはずです。解決すべき課題を子どもとともにつくっていくプロセスは一見単純なように見えますが，これこそ「子どもとともにつくる授業」を実現させていく鍵です。何をおもしろがっているのか，何に挑戦しているのか，という視点で子どもたちの動きをよく観察し，こだわりどころを見抜いて全体に紹介したり，「その動きを自分もやってみたい！」と思わせたりしていく教師行動は，プロの教師ならではの教授技術だと言えます。

　子どもの動きや工夫が飽和してきたときも教師の出番です。子どもたちが工夫しようとしていないのに無理に工夫させようとすると，たとえ教師に明確なねらいがあったとしても，「ともにつくる」は実現しません。しかし，だからと言って何も手立てを打たなければ学習にはなりません。子どもたちの実態を見ながら，少し難しいけれども何とかできそうな動きや運動を示し，「こんなことできる？」「どうすればうまくいくと思う？」と投げかけながら子どもの思考を揺さぶったり，次の行動を促したりしていきます。また，「できた」で終わりではないことを伝えていくことも大事です。前転を例に考えてみても，「できた」という状況はさまざまです。いろいろな「できた」があるはずです。また，「より美しく」「よりダイナミックに」という視点から追究させることもできます。どのような前転がかっこよく美しいのか，どうすればダイナミックな前転になるのか，ということをみんなで検討し，個々で試し，お互いに見合い，追究していくことで，「動き」というものに対する見方や考え方が醸成されていくでしょうし，いわゆる「発問」によって学びを展開させながら子どもとともに追究していくことが可能となります。

2 　授業実践から考える

　教師がめあてや学習内容を明確にし，子どもたちの工夫や発見を促し取り上げながら進める

ような手立てによって授業を展開すると，子どもたちはあたかも自分たちで学習の課題を生成したように捉え，切実性を伴ってよりよい動きを追究しながら学んでいくはずです。しかし，これだけではまだ物足りません。子どもとともに授業をつくる醍醐味は，教師が立てた展開計画に修正が入るときにあると筆者は考えます。

❶ 子どもの日常から学びを創る

　１年生のマット運動遊びの実践を紹介します。筆者が初めて１年生を担任したときの実践です。低学年期には，固定施設や動物歩きなどで腕支持感覚や逆さ感覚，バランス，体を締めるといった多様な運動感覚を身につけることが大切です。体育の時間だけでなく，休み時間に子どもたちと一緒に遊びながら，子どもたちの身体を耕していきました。11月後半，年間指導計画通りマット運動遊びを行うことにしました。「お話マット」という典型教材があります。「くまさんが，やってきて，こんにちは，川を渡ってハイ！ポーズ」という口伴奏に合わせて，子どもがくまさん歩きをします。「こんにちは」で首をさげる動きをしますが，これはのちに前転をするための動きにつながります。「川を渡って」のところは，子どもたちに自由に考えさせました。それこそ前転をしたり，ジャンプしたりとそれぞれ工夫します。ある男児が，くるっと円盤回りをしました。保育園の頃に取り組んでいたようです。「かっこいい！」「やってみたい！」と声が上がりました。高学年の担任が多かった筆者は，側方倒立回転のコツを伝えることには自信がありました。さらに，その頃子どもたちは，かなりの運動感覚を身につけていました。39人の子どもたちは全員円盤回りができるようになり，さらに連続で何回も回れるほどになっていきました。

　ある日の掃除の時間に，教室の雑巾がけをしていた５人の子どもたちがおもしろい動きをしていました。横一列に並び，端にいる子どもから時間差で順番に進んでいくのです。階段のように見えます。しばらくすると，今度は両端の子どもから順番に進んで最後に真ん中の子どもが出ます。Ｖ字のように進むのです。子どもは何でも遊びにするものです。掃除の時間が終わると，筆者はその子どもたちに「さっきの動きを連続円盤回りでやってみてごらん」と提案しました。「おもしろい！」要領をつかんだ子どもたちはあっという間にできました。次の体育の時間にクラス全体の前でやってもらうと，「自分たちもやってみたい！」と次々に声が上がりました。掃除などの係活動を行う生活班で体育の授業のグループ学習もやっていましたので，８班に分かれて動き方を考え，４回連続の円盤回りを創っていきました。縦に並べていたマットを大きな方形状になるように敷き詰め，マット上で子どもたちは追究を始めました。揃えたり，ずらしたり，同時に出たり，すれ違ったりとおもしろい動きがたくさん出てきました。驚いたことに，子どもたちは教室に戻ると机の中から折り紙を取り出し，それを方形状のマットに見たてながら，どのように動くか，どこに並ぶかなどの「演技構成」を自ら考えていたのです。子どもたちはこれを，設計図と呼んでいました。

❷ 展開計画を修正する

　授業は，意図的で計画的な営みです。単元学習であれば，どのような学習内容にするのか，どのような力を身につけさせるのかを考えながら，展開計画を描きます。紹介した実践は，当初は，上述した基本の「お話マット」を個々やグループでアレンジし，自分たちの「お話マット」をつくる計画でいました。しかし，連続円盤回りの動きをグループで創っていくことに夢中になっていった子どもたちの姿を見て，計画を大きく修正しました。お話マットで進めていた，「前転─前転─V字バランス─肩倒立─起き上がって円盤回り─ポーズ」も，個々ではなく数名が一緒に揃ってやってみたいというアイデアが子どもたちから出てきました。いわゆる「シンクロマットづくり」に舵を切っていったのです。子どもたちのやりとりを聞いていると，「一緒に出るために掛け声をかけよう」「タイミングよくずらすために数を数えよう」「1，2，3のリズムで動くと揃って見えると思うよ」「足を大きく蹴るようにすると勢いがついて体がぐっと起き上がるよ」といった運動技術や感覚を媒介にしたコミュニケーションが広がっていきました。うまくできた感触を得られると，子どもたちは誰かに見てもらいたくなります。全校集会にエントリーして全校児童の前で披露したい，と子どもたちは提案しました。私も実現のために子どもたちと一緒に考え，そして「シンクロマット発表会」が実現しました。

3　子どもができることは委ねる

　「子どもとともにつくる授業」を実現していくことは，とてもおもしろいことです。教師が立てた通りに進めていく方が効率的で，学習がスムーズに流れるかもしれません。しかし，子どもたちが学びの主体になったとき，豊かなアイデアがたくさん出てきます。学びが自分事になったとき，子どもたちは運動により没入します。工夫してもっともっとおもしろくしていこうとしていきます。その姿こそ体育でめざすものであり，子どもたちに学ばせたい内容であると思います。紹介した実践は，子どもたちと対話しながら進めていきました。もっと大きな円盤回りがしたいと求めてきたときには，アドバイスもしました。グループでの活動が行き詰まっているときには「こうしたらどう？」と提案することもありました。子どもたちとともに「シンクロマット」をつくっていきながら，当初この単元で学ばせたかった「マットを使ってさまざまな運動感覚を身につけて身体表現すること」と，「仲間とともに学び合うこと」は，しっかりと達成できたと思います。展開計画を修正したことで，より豊かに学べたのではないかと捉えています。「何を学ばせるのか」という教師の明確なプランをベースにしつつ，子どもができることは委ねる，教師がせねばならないことは教師がやる，という姿勢を大事にしながら，子どもとともにつくる体育の授業をぜひめざしてほしいと思います。

（鈴木　聡）

2 授業を構想する際の３つの視点
～誰のための「授業改善」なのか～

1 教師が抱える「体育科の年間計画」とのギャップ

❶ 「体育科の年間計画」と「明日の授業計画」とのギャップ

体育科の授業を構想する際，次のような思いを抱えたことはありませんか。

> 学校行事があるから，年間計画通りに実施できない。
> 研究授業をしなくてはならないから，年間計画にある配列を変更しなくてはならない。
> 使用できる日数に限りがあるため，十分に体育館で体育の授業ができない。

あるいは，授業に取り組む中で，次のような思いを抱えたことがあるかもしれません。

> 年間計画に書いてあったから取り組んだけど，子どもたちが全然楽しそうじゃない……。
> 年間計画にあったリレーに取り組んだら，子どもたちの人間関係が悪化してしまった……。

　このような思いを抱えた経験は，誰にでも１度はあるのではないでしょうか。このような状況に出会ったときに私たちが直面しているのは，学校の育てたい子ども像に迫るために設定された「年間計画」と，目の当たりにしている現実をもとに設定する「明日の授業計画」とのギャップです。そして，このギャップが発生した際に，教師は「子どもたちに何を学ばせればいいのか」真剣に向き合わなくてはならなくなります。どのような子どもにも当てはまるように作られた年間計画では当てはまらない現実に立ち向かうために，最善の策を見つけなくてはならなくなります。

❷ 「体育科の年間計画」と「子どもたちの実態」とのギャップ

　もう１つ，「年間計画」との間にギャップが生まれる状況があります。それは，「子どもたちの実態」とのギャップです。学校体育研究小部会の実践提案で，次のようなギャップが語られています。

> 前年度，リレーをきっかけにいじめが発生した学級を，クラス替えせずに担任することになった。しかし，年間計画を見ると４月にリレーが設定されていた。このまま４月にリレーに取り組むのは怖い。
> 身体に障害がある子どもが学級に在籍しているが，その子も一緒に運動する喜びを感じられるような内容が年間計画には設定されていない。その子が１年間，学級の子どもたちと行う体育で「楽しい」と感じられなくてもいいのだろうか。

学級という集団の中では，身体や発達に課題を抱える子の在籍，不登校，いじめ等，個別の対応を必要とする状況が多数存在しています。教師は，そのような多様な実態を受け止め，全員が学ぶ権利を行使できるよう「みんなが学べる授業」を構想・実践しなくてはなりません。子どもたちみんなが活動に参加し，学びの実感を味わえるような授業にするためには，子どもたち1人ひとりのニーズを把握しながら「子どもたちに何を学ばせればいいのか」真剣に向き合うことが欠かせません。その際，どうしても教師が捉えた「子どもたちの実態」と「年間計画」との間にギャップが生じてしまうことがあります。

　この2つのギャップからもわかるように，「子どもたちに何を学ばせればいいのか」という問いに対して，教師が明確な意図をもつ必要があります。そうでなければ，学習者である子どもたちが「何のために体育を学ぶのか」という意味を見出せずに，疑問をもちながら活動することにもつながりかねません。主体的・対話的で深い学びの実現のためにも，「やらなくてはいけないから取り組む」のではなく，「やりたいから取り組む」体育の活動をめざしていく必要があります。

2　「何のために学ぶのか」を考える

❶　子どもたちの実態〜子どもたちが抱える生活課題を捉える〜

　授業を構想・実践していく際に，欠かせないのが「子どもたちの実態」を捉えることです。学校で子どもたちの言葉に耳を傾けてみると，子どもたちが日常的に生活している環境には多くの課題が内在しています。

> 学習塾のクラス分けテストに対して，「結果が悪かったら……」「下のクラスになったら……」と結果が悪かったときのことばかりが気になり，行きたくない。でも，やめられない。
> 習い事でレギュラーになれない。でも，「レギュラーをとれ」と言われてしまう。
> 毎日，叱られている。だから，教室でも友達の欠点や失敗ばかりに目がいってしまう。

　上記した例は，筆者が教室で実際に聞いた子どもたちのつぶやきですが，それ以外にも，自分からは逃避できない環境に置かれている子どもが教室には必ず存在しています。そして，そのような環境に置かれた子どもたちは，知らず知らずのうちに次のような傾向を示すようになります。

・順位や勝ち負けという結果を優先する「成果主義」

・成果を気にするあまり，他者よりも優位な立場になろうとする「過度な競争意識」

・成果や結果は必ずあるものとして捉え，答えを求めればよいと考える「正解主義」

これらの傾向は，ここ数年，本会でも多くの実践の中で語られており，明らかに現代の子どもたちを取り巻く生活課題であると捉えられます。このような生活課題を抱える子どもたちの実態を踏まえ，「子どもたちに何を学ばせればいいのか」を考える必要があります。適切な時期に，適切な内容を提示できなかった場合に，さらに子どもたちを苦しめる状況が生まれてしまうかもしれないからです。

❷　教材選択の理由〜「なぜ，その教材を選択するのか」を考える〜

　体育科の授業を構想する際，学習指導要領に明示されている領域や，解説に例示されている種目から，教材を選択する場合が多いのではないでしょうか。しかし，「なぜ，その教材を選択するのか」考えているでしょうか。

　スポーツは，そのスポーツが生まれた国や地域の社会性，文化性のもと，その地に根付き，発展を遂げてきました。発展を遂げる中で，ルールや場の設定も少しずつ変更されてきました。つまり，「なぜ，そのスポーツが生まれたのか」「なぜ，そのルールや場の設定になっているのか」には，理由があります。しかし，その先人が創ってきたスポーツの文化を，子どもたちが学ぶ体育科の授業にそのまま利用するのは危険です。子どもたちの発達段階や生活課題といった実態に合わせて，素材であるスポーツを教材化する必要があります。

　「子どもたちに何を学ばせればいいのか」を考えるためには，「素材となるスポーツの文化性から，何を学んでほしいのか」「たくさんあるスポーツの中から，なぜ，その種目や技を選択するのか」という問いに対して，教師が明確な意図をもち，素材を選択する必要があります。そして，「選択した素材をそのままの形で提示できるのか」「子どもたちに，どのような形で提示すればよいのか」というスポーツ素材を教材にかえる「教材化の視点」が必要です。文化的・科学的な視点で教材を選択しなくては，学習者である子どもたちが「何のために体育を学ぶのか」という意味を見出せず，「やらなくてはいけないから」といった後ろ向きの理由で，体育の活動に取り組むことになってしまうリスクがあるからです。

❸　教師の願い〜「子どもたちに何を学んでほしいのか」と向き合う〜

　これまで述べてきた「子どもたちの実態」と「教材選択の理由」は，相互に関連しています。子どもたちの実態に応じて，教材を選択する必要があるとともに，教材には文化的・科学的な魅力があり，それを子どもたちの実態に合わせて提示する必要があるからです。そして，その両者と向き合いながら，教師は「子どもたちになってほしい姿」「子どもたちに学んでほしい内容」など，自分の中にある子どもたちに対する願いも明確にしていきます。

　よく授業研究において「教えるべきか，気づかせるべきか」といった教授方法について議論されることがありますが，教師が子どもたちにどのような願いをもっているかによって，この教授方法の選択も変わります。しかし，どのような教授方法を選択したとしても，教師が子ど

もたちに「学んでほしい」「成長してほしい」という願いをもっていることには変わりありません。そして，その願いに迫るために，教師は子どもたちと向き合い，「自分が子どもたちに何を願っているのか」を明らかにしていく必要があります。

3 授業を構想する際の土台となる考え方

授業を構想する際に重要な視点として，「子どもたちの実態」「教材選択の理由」「教師の願い」の3つを示してきました。これら3つの視点は，順序性があるわけでも，優先順位があるわけでもありません。3つ全てが大切であり，これら3つ全てが関連して，1つの単元や授業が構想されていきます。

本会では，これら3つの視点が関連して，単元や授業が構想されていることを，実践提案からわかった事実を踏まえて，以下の図にまとめました。子どもたちが，学ぶ喜びを感じるとともに，学ぶ意味を実感できるように，授業改善に努める必要があります。だからこそ，私たちは「子どもとともにつくる授業」をめざしています。

【子ども】
子どもの事実
・取り巻いている社会
・個の課題，集団の課題
・やりたいこと，願い
・既習，経験

子どもたちの生活・発達段階の捉え
（子どもたちは，なぜ今の状況にあるのか）

【教師】
教師の意図
・目標，願い
・資質能力
①汎用的な資質能力
（問題解決能力・協同性等）
②体育科で養う資質能力
（技能，認識等）

子どもとともにつくる授業（理念）
〈主体的・対話的で深い学び〉
〈協同・協働〉

素材の教材化のための文化研究
（素材の特性とは何か）

教科内容の捉え
（体育だから学べることとは？）

【教材】
「何のために，何を，どのように」選択するか
教科の目標：豊かなスポーツライフ・健康保持増進のために

①教科内容・学習内容
何のために"それ"を学ぶのか
（運動文化論，プレイ論，体力づくり論etc）

②領域・種目
何を通して学ぶのか
体つくり，器械，陸上，水泳，ボール，表現，保健

③方法・手段
どのように学ぶのか
・教える技術（マネジメント，言葉かけ等）
・手立て（単元計画，ルール等）

子どもとともにつくる授業の3つの視点

（久我　隆一）

3 実践編の総括・実践記録を読む視点
～明日の授業をどう変えるのか～

1 授業をデザインするとはどういうことか～授業は誰のためにするのか～

「明日の授業をどうしたらいいのだろう」誰しも一度は感じたことのある悩みなのではないでしょうか。教師は，授業づくり・実践に加え，校務分掌，児童・保護者対応，成績処理，文書作成など，たくさんの仕事に追われています。非常に多忙な中で，ようやく落ち着いたかと思えば，すぐに明日が来てしまう。そうした毎日を送っていらっしゃる先生も多いのではないでしょうか。何を隠そう，私自身その１人ですし，本書の執筆に関わった仲間たちもまた，同じ悩みを抱えていることでしょう。そんな日々を過ごすうちに，いつしか授業を「こなし」てしまっている自分，「とりあえず」授業をしている自分に出会うことがあります。

本書を読むにあたって，まず読者の皆さんに伝えたいことは，我々もこうした，誰しもが感じる悩みを同じように抱える，１人の教師に過ぎないということです。教師のリアルに向き合いながら，「よい授業をしたい」という心の声に耳を傾け，その上で「こだわりの実践」をつくろうと試行錯誤する，１人ひとりの「ただの教師」の奮闘記とでも言えるかもしれません。

私たちは，「このようにしたら授業がうまくいきます」なんて，大それたことを言うつもりはありません。ただただ，目の前の子どもたちにとって，どうすることがよいことなのかを考え，授業を絶えずデザインし直し，「彼らにとって」意味のある学びを作り上げようとする教師たちの絶えざる自己更新の一端をご紹介しているにすぎないのです。実践編のページをめくりながら授業とは何かについて改めて考える機会になったなら「こだわりの実践を１つ，作ってみようかな」と少しでも思っていただけるなら，こんなにうれしいことはありません。

2 なってほしい姿を明確に描く＝そのための課題をあぶりだす

❶ 子どもをレールに乗せるのが授業ではない～手段と目的を整理する～

ちまたには，「こうしたら授業ができる」「この教材を使うとうまくいく」といった類の書籍やネット記事が溢れかえっています。それ自体は，決して否定すべきものではありません。よりよい授業実践を志した先人の知恵，他者の実践から学ぶことは数え切れず，そこから自身の実践をアップデートすることはむしろ重要なことです。

一方で，そうした内容をそのまま行い，授業が「うまくいく」ようにすることで，本当に十分なのでしょうか。さらに言えば，そうした実践は果たして本当に，うまくいっていると言えるのでしょうか。たしかに，いくつかの教授技術や学習方略を使えば，１単位時間の授業とし

てよりスムーズに，より充実した時間を過ごせるように感じられます。しかし，それらは本来，「1つの手段・方法」に過ぎません。最も重要なことは，そうした手段や方法を活用したり参考にしたりすることで「何をめざしたいのか＝目的」に迫れるのかどうか，であるはずです。裏を返せば，「何をめざしたいのか」が明確であるからこそ，「ある手段や方法」の有用性がいっそう浮かび上がることになるのです。しかし学校現場では「手段と目的」が逆転してしまい，「その手段を用いることが目的」になってしまうことが少なくないように思います。

　目的を失った方法にのった子どもたちは，果たして何を思うのでしょうか。何を学んだといえるのでしょうか。そして，それらが学習者である子どもたちにとってどのような意味をもつものとして残っていくのでしょうか。「主体的・対話的で深い学び」「カリキュラムマネジメント」など，新しい教育的なキータームが登場するたびに，それを実現するためのメソッドが喧伝され，方法だけが残っていきます。しかし，我々が本来大事にすべきことは，「何のために」それを行うのかという，子どもたちと授業をする教師がもつ目的ではないでしょうか。

❷　子どもたちにどうなってほしいのか〜担任としてのリアルを生きる〜

　そこで近年，本会では「めざす子どもたちの姿」を明確に描くことを大切にしています。ただ単に目の前の授業を，なんらかの方法で「こなす」のではなく，「こんなふうになってほしい」「ここを変えていきたい」「こんなことを考えられる子どもたちになってほしい」といったような，担任ならば誰しもが思う「子どもたちへの願い」を明確にするのです。そして，それらが授業実践の中の具体的な姿として描き出されていくことをめざしていきます。

　ここで，筆者が初任期の頃，指導教員に口を酸っぱくして言われた言葉を思い出します。「子どもは授業で変えるの。生活指導で子どもは絶対よくならない。困ったら授業」そう言って，来る日も来る日も私の授業を見てくださいました。若い時分の私は，果たしてその意味をしっかりと理解することができていなかったかもしれません。しかしその後，附属学校の教師となり，また多くの先輩たちの実践に触れる中で，だんだんとその教師の言葉の意味がわかってきたような気がします。授業を通して子どもたちが変わっていくこと，前向きになっていくこと，他者と温かなやりとりができるようになること，そして，自分は，自分たちは，これからもっともっと成長できるんだ，と思えるようになっていくこと。こうした姿に出会えることが，その喜びが，私たちを「教師」という仕事に駆り立てるのではないでしょうか。

　そこで私たちは，毎月1回の例会で，「子どもたちにどうなってほしいのか」について議論をします。そこでは，どういった課題が見られるのか，その原因はどこにあるのか，その子の生活環境やこれまでの学習履歴など，子どもたちの様子や課題，担任としての困りや悩みなどが赤裸々に語られます。そうした悩みを共有しながら，「ではどのような授業をしていけばよいか」議論を重ねています。授業について考える際には，Chapter1の2に記されているように，教材のもつ文化性や科学性，わかりやすく言えば，その教材のもとになっているスポーツ

がもっている「力」や「仕組み」に着目していきます。

　Chapter2から始まる実践編には，そうした教師の葛藤と願いが，そしてそれらを抱く教師と子どもたちとの授業という営みの実際が，教師の思考過程や単元計画をデザインし直す視点とともに描かれています。中には，ご自身の学級の課題や悩みなどとも重なる部分があるかもしれません。繰り返しになりますが，本書は「こうしたらうまくいきますよ」という指南書ではありません。しかし，教師であれば誰しもが抱く葛藤と願いが，どのように結実していったのか，そこで教師は何を考えていたのか。ご自身の実践を考える際の視点になれば幸いです。

3　教師と子どもによる相互生成行為としての授業

❶　「する—される」から「ともにつくる」へ

　前述のような願いと意図をもち，その実現のための教材と学習展開を用意する教師ですが，しかし，それをそのまま子どもたちに当てはめてうまくいくわけではありません。子どもたちもまた，その１人ひとりが多様な背景，意思と願いをもつ存在であり，「いま・ここ」に至るまでの学習経験や既有知識もさまざまです。そうした彼らの声に耳を傾けながら，姿や表情から読み取りながら，学習感想を丁寧に読み解きながら，私たちは次の授業を考えていくことを大事にしています。それは，私たちが授業を，「教師から子ども」への一方向的なものではなく，また，授業を「する人—される人」という関係ではなく，「教師と子ども」とがともに形づくる相互生成的な営みであると考えているからです。その意味では，よく言われる「同じ単元計画であっても，全く同じ授業は二度とない」という言葉は全く字義通り捉えられるべきであり，違う教師，違う子どもたちだからこそ，オリジナルな実践が創造されるとともに，「私たちがつくった〇〇の授業」として，子どもたちの心に深く刻まれていくのだと思います。

❷　授業を「デザインし続ける」教師〜子どもたちにとっての必然性〜

　このことに加えて重要となるのは，学習者にとってのストーリーです。古くは「有意味受容学習」，昨今では「主体的・対話的で深い学び」といったように，学習者のより深い理解や思考を促すために，学習者自身の能動性や必然性，文脈（context）が重要視されてきました。学習者自身が「やりたい」と思う状況や，教師が提示する技術や知識，探究するための方略が「たしかに必要だ」と思えるような環境を設定することは，深い学びを誘発する上で不可欠なものとなります。加えて，「次はこうしてみたらいいのではないか」「どうして〇〇なのだろう」といった子どもたちから生まれた気づきや疑問を学習展開につなげたり，「この戦術を使えば解決できるのではないだろうか」といったような見通し（anticipation）をもてるように授業を組み立てたりすることも，学習者の能動性を担保する上で重要なものとなります。

　こうした授業を実現させていくためには，事前に計画した授業展開と，実際に目の前で起こ

る子どもたちの学びの事実との「擦り合わせ」が必要とならざるを得ません。**「子どもたちに どのようになってほしいか」という教師の願いと，それを実現するための「出合わせたい・味 わわせたい世界（＝教材選択）」，その世界に迫るために必要となる「手がかり（技術・戦術な ど）」，それらが学ばれるように立案された授業展開を基本としながら，一方では目の前の子ど もたちの事実に目を向け，いかにしてそれらが必然性をもって学ばれるのかを絶えず再検討す る，換言するならば，「デザインし続ける」のです。**本書で，単元計画と実際に展開された単 元との違いが，「Before―After」の形で示されているのはそのためです。

　このことは，決して「子どもに迎合する」ことや，「教えない」ことを意味するわけではあ りません。むしろ，教師の願いや求め，「出合わせたい世界」を明確にするからこそ，それに 向かうためにどうすることが最適解なのかについて，<u>目の前の子どもたちと対話をしながら絶 えず「逆向き設計」的に考えていく</u>のです。その意味では，昨今話題となっている「登山型カ リキュラム」のように，授業中の教師にも，頂上に向けてどのような道を辿っていけばよいの かを絶えず考えることが求められるのでしょうし，この「デザインし続ける」力が，これから の時代に求められる教師の専門性であると言えるのかもしれません。それぞれの教師が授業の 最中に何を感じ，子どもの事実をどのように捉え，「デザインし続け」たのかに着目しながら， 実践編をお読みいただければと思います。

4　絶えざる自己更新〜子どもも変わる　教師も変わる〜

　実践編を読み進めていく中で，教師が何をめざしたのか，そのためにどの教材を選んだのか， めざす姿に近づくために子どもたちに必要となる知識や技能，技術や戦術はどのようなものな のか，という教師の意図や見通しや，それを子どもたちとどのように授業という営みとして作 り上げていったのかの一端がおわかりになると思います。あらかじめ用意した箱に子どもを当 てはめるのではなく，教師が意図や見通しをもちながらも，子どもの事実に正対しながら，子 どもとやりとりをしながら，対話をしながら，彼らにとってのよりよい学びを作り上げようと する１人の教師の姿がそこに浮かび上がってきます。そうした過程で，私たちは，自分の至ら なさに気づき，時に独りよがりな自分に出会います。最適解を子どもたちから教えられる，そ んな気持ちにさせられることもあります。そんな私たちを，「計画不足」と断罪する人もいる のかもしれません。けれど私たちは，授業という営みを通して図らずとも要求される「自分と の対話」にこそ，教師の専門性・教師の素晴らしさが隠れていると考えています。

　教育実習で指導してくださった先生が，実習記録の最後にこんなことを書いてくれました。 「絶えざる自己更新が求められるからこそ，いくつになっても成長し続けられるのが教師とい う仕事です」。よりよい学びをめざして，子どもたちも，教師自身も変わっていく。成長して いく。「教師」という仕事を，ページをめくりながら再発見してみてください。　　（久保　賢太郎）

Column

学校体育の真の目的地をめざして
～仲間とともにつくる授業～

　学級担任をしていたときは，目の前には子どもたちがいて，その子たちと一緒に授業をするのが当たり前の日常であった。先輩の素晴らしい体育実践を目の当たりにして，「よし自分も！」という思いで授業づくりに取り組み，こちらの予想を超えた子どもたちの動きに感動したことも，子どもたちに委ねたつもりなのに指導性が強くなってしまっていたこともあった。

　そんな日常を卒業して管理職という立場に立つと，「子どもとともに授業をつくるおもしろさ」に並ぶ価値に出会うことはなかなか難しい。「子どもとともにつくる授業」「子どもとともにあろうとする教師」を見るたびに，某バスケ漫画の名シーンのように「授業がしたい！」という思いがこみ上げてくる。

　附属学校に勤めている関係で多くの実習生を指導する機会を得たが，彼らには「子どもの実態を踏まえない指導案はただのフォーマットに過ぎない」と伝えてきた。子どもとともにつくるというのは，子どもたちの気持ちを受け止め，指導案に魂を込めていく作業だと考える。

　学校体育の目的は，体育を通しての人間形成にある。「体育は手段に過ぎない」このことを忘れてしまうと，「全員に台上前転ができるようにさせたい」「バスケットボールをうまくさせたい」といった技術や方法の習得が優先され，本来の目的を見失ってしまう。

　「なぜその単元を選んだのか」

　この小学部会という研究サークルにおいて，フロアから実践提案者に対して必ず聞かれる問いである。「指導要領の例示にあるから」「学校のカリキュラムでやらなくてはいけないから」では，なかなか学校体育がめざす真の目的地に辿り着くことはできないだろう。指導要領に例示されている種目に価値のないものなど１つもない。しかし，それを子どもの実態を見ないで，やみくもに種目の技術や方法を指導することに大きな価値を見出すことは難しい。

　世界でたった１人しかいない子どもたちの集合体である，たった１つの学級集団に対して，たった１人の教師で体育指導を試行錯誤するのには限界がある。だからこそ，志を同じくする教師集団に，教師が見とった子どもたちの実態と，種目選択の理由を明らかにした上で，めざしたい授業を提案する。そして複数の目で協議した結果をもとに再考し，実践に臨み，また子どもの姿を見て改善するということを繰り返す。この営みが「ともにつくる授業」には欠かせない。

　誰しも学校体育の目的地にノンストップで辿り着く超特急に乗れるわけではない。目的地まで切符の料金が足りなければ，乗り越し料金を払えばいいし，電車が途中駅で止まってしまえば，違う電車に乗り継いで行けばいい。「子どもとともにつくる授業がしたい！」多くの教師がこの気持ちを抱けるよう，仲間とともに研鑽を続けていきたい。

（佐藤　洋平）

Chapter

2

子どもとともにつくる
体育授業改善プラン

1 新しい体つくり運動のカタチ Let's 柔道的遊び

領域：体つくり運動（体の動きを高める運動）
学年：6年　　時間：全5時間

Before & After

Before 想定していた授業

時	1	2	3	4	5
ねらい	状況に応じて巧みに動こう		寝技ゲームで力強い動きを高めよう		
主な学習活動	・右・左・前・後ろに転がり受け身の動きをやってみよう ・受け身ゲーム①で素早く動こう	・受け身ゲーム①でウォームUP ・受け身ゲーム②でもっと素早く巧みに動こう	・受け身ゲーム①でウォームUP ・寝技ゲームをやってみよう	・受け身ゲーム①でウォームUP ・寝技ゲームでひっくり返す／返されないポイントを探ろう	・受け身ゲーム①でウォームUP ・ポイントを意識して，寝技ゲームをもっと楽しもう

After 実際の授業

時	1	2	3	4	5
ねらい	状況に応じて巧みに動こう		寝技ゲームで力強い動きを高めよう		
主な学習活動	・右・左・前・後ろに転がり受け身の動きをやってみよう ・受け身ゲーム①で素早く動こう ・受け身ゲーム②をやってみよう	・受け身ゲーム②をやってみよう ・受け身ゲーム②の団体戦をやってみよう	・受け身ゲーム①でウォームUP ・寝技ゲームをやってみよう	・寝技ゲーム団体戦をやってみよう ・ひっくり返す／返されないポイントを探ろう	・受け身ゲーム①でウォームUP ・ポイントを意識して寝技ゲーム団体戦を楽しもう

POINT1
ゲーム化で活気が大幅UP！

POINT2
団体戦形式を導入！

POINT3
寝技ゲームも団体戦！助太刀へGO！

POINT4
キーワードは「タコになれ！」

熱い対戦。ひっくり返せたら助太刀へGO！

3対1での攻防！

1　こんな授業をめざしたい！

　体つくり運動の「体の動きを高める運動」の中には，「力強い動きを高めるための運動」があります。学習指導要領にある例示やさまざまな実践集などを参考に活動を工夫してきましたが，どうしても単調な活動になってしまい，長年この学習に悩んできました。もっと子どもたちのエネルギーがめいっぱい発揮される授業をめざしたい……。

　そこで注目したのが「柔道」です。筆者自身が大人になってから柔道を行う機会があり，その際に感じた楽しさと奥深さが授業づくりのきっかけとなりました。中学校から必修化される武道は体育の全領域の中で唯一体系化されていません。武道という価値ある運動文化に「戸惑い」や「恐怖」として出会うのではなく，小学校段階の体つくり運動の中で楽しく出会わせてあげることが，１人ひとりの豊かなスポーツライフにつながるとも考えました。

　柔道的遊びといっても普段通りの体育着で行い，活動の中心は寝技対決（うつ伏せ状態の相手をひっくり返せるかどうか）としました。「自己の体重を利用したり，人や物などの抵抗に対してそれを動かしたりする」という学習指導要領に示された「力強い動きを高めるための運動」にぴったりだと考えたからです。イメージはレスリングに近いかもしれません。単元の前半や単元後半のウォーミングアップの時間には，受け身的な身のこなしをゲーム化し，「巧みな動きを高める運動」も行うことにしました。

〈受け身ゲーム①〉
1　全員そんきょの姿勢をとる。
2　対面した教師が左右前後のいずれかに向かって投げるまねをする。
3　投げられた方向に素早く動いて受け身をとる。みんなの動きが揃ってくると気持ちがいい。間違った方向に動いてしまう子もいるけれど，それも楽しい。

〈受け身ゲーム②〉
1　そんきょの姿勢で向き合い，ジャンケンをする。
2　勝ったら相手に左右前後のいずれかを指で示し，負けた方はその方向に素早く動いて受け身をとる。素早く受け身がとれたらセーフ。これを繰り返す。
3　あいこになったら双方後ろ受け身をとる。早い方が勝ち。慣れてくると勝敗はほぼこれで決する。

2　なぜ改善したの？

　第１時の最初は，教師が柔道の受け身的な身のこなしの手本を示し，右に左に，後ろに前にと受け身の動きを１つずつ体験してもらいました。体験後，ゲーム①として，教師のエアー投げに素早く反応するという「エアー受け身ゲーム」を行い，ゲーム②ではゲーム①の動きに"たたいてかぶってジャンケンポン"の要素を組み込み，子ども同士での対決としました。

　教師が提示した動きを体験する→ゲーム①→ゲーム②と進むにつれて，授業の活気は増しました。１時間目の授業後，こうした子どもの様子や「楽しい」「まだやりたい」といった子ど

ものつぶやきを思い出しながら，当初の単元計画を修正していくことにしました。

3 改善の視点がわかる！単元づくりのポイント

POINT1 ゲーム化で活気が大幅 UP！

第１時の最後に取り組んだ受け身ゲーム②は，事前の計画では第２時に行う予定でした。しかし，第１時の授業を行いながら，組み込む判断をしました。なぜなら教師が提示した受け身の動きをまねる活動から受け身ゲーム①に移行した際の活気が一気に増し，動きも素早いものに変化していったからです。子ども同士で行う受け身ゲーム②はさらに盛り上がり，動きもより素早く鋭くなっていきました。

POINT2 団体戦形式を導入！

ゲーム化の有効性を改めて感じ，単元計画を修正しました。第２時に取り入れたのは"団体戦"です。受け身ゲーム②を先鋒から大将までの勝ち抜き戦方式としました。先鋒から順々に登場していく設定や１人抜き，２人抜き，そしてそれを止めるといった団体戦形式は，大いに盛り上がり，さらには，POINT3・4に示すような教え合いや学び合いにもつながりました。

POINT3 寝技ゲームも団体戦！助太刀へ GO！

単元後半の寝技ゲーム（ひっくり返す／返されないの対戦）にも団体戦の要素を組み込みました。勝ち抜き戦ではなく，制限時間内に見事ひっくり返しに成功した人はまだ返せていない同じチームの人を助太刀に行きます。こうすると相手チームの強豪を，場合によっては５人でひっくり返すような状況も生まれました。

POINT4 キーワードは「タコになれ！」

寝技ゲーム（ひっくり返す／返されないの対戦）は，隙間を巡る攻防と言えます。ひっくり返されないためには，うつ伏せ状態のまま，いかに体と床（マット）の間に隙間を作らないかがポイントで，攻撃側はその逆です。このポイントを端的に表してくれたのが１人の子の振り返りの言葉でした。学級全体で共有することのできるキーワードをずっと探していた筆者は，「ひっくり返されないためにはタコのようになるといい」とイラスト付きで書かれた言葉に，「これだ！」と直感し，以後，授業中に子どもとともに何度も口にしました。迷ったときこそ，困ったときこそ，子どもをよく見る，子どもから学ぶということの大切さを再認識しました。

4 改善の具体がわかる！授業づくりのアドバイス

❶ 教え合い・学び合いを生む

第2時に受け身ゲーム②の団体戦を導入すると第1時にはなかったアドバイスを伝える姿や自ら友達に教えを請う姿，チームで練習を始める姿などが見受けられました。団体戦の盛り上がりが「楽しい！」や「今度は勝ちたい！」といった思いにつながり，動きの習得や上達の必要感を生んだと考えられます。また，勝ち抜き方式の団体戦とすることで，自分以外の人の動きを見る必然も生まれました。〇人抜きを成功させた"達人"の動きからヒントを得てアドバイスする子。うまくできていない子に寄り添い，一緒に取り組む子。こうした子どもたちによる教え合いや学び合いが授業を充実させ，結果的に巧みな動きや力強い動きの高まりにもつながりました。

柔道的遊びを構想した際，まず懸念したのは怪我の恐れでした。そのため事前の単元計画は慎重に進めていく形になっていました。しかし子どもの視点から単元を考えてみると，"やらされている感"満載の単元構成であることに気づきました。やはり「楽しい！」や「今度は勝ちたい！」をきっかけに導き出される教え合いや学び合いがなければ学びは充実しません。怪我を防ぐ視点はもちろん失わず，教え合いや学び合いの必要感を導くための改善を図りました。

❷ 苦手な子だけでなく，「上手な子」も見逃すな！

寝技ゲーム団体戦は助太刀方式としました。この方式は，早く決着がついた際に時間をもて余してしまう点を改善しようとして生まれました。しかし，助太刀方式は「時間のもて余しがなくなる」「ひっくり返す側のチームとしての協力を導くことができる」といったことだけでなく，「上手な子の学習意欲を保つこと」が最大の利点だと考えました。どんな力自慢もさすがに5人が相手となれば力を出し尽くすしかありません。上手な子も「本気を出せる」ということも大切なはずです。激しい攻防の末，4人がかりで力自慢をひっくり返したときは最高潮の盛り上がりでした。わくわく対戦している姿は，「力強い動き」そのものだったように感じます。

5 子どもがこう変わった！

対戦後の振り返りの時間が，単元前半のどこか形式的なものから，「本気」を出し合ったからこそ生まれた互いの力やがんばりを認める，誠実な言葉や相手を認める様子へと変化していました。また，「礼に始まり，礼に終わる」と言われる武道の精神にならい，授業の始めと終わりに座礼を行いました。第1時からいつもとは違う雰囲気での礼が新鮮だったようですが，子どもたちが「礼」の本当の意味を知ったのは，互いの安心と安全を守りながら，全力を尽くした単元後半だったかもしれません。

（矢邉 洋和）

2 誰もが夢中で　くるん！くるんぱ！高さ・低さ前回り

領域：器械・器具を使っての運動遊び（マットを使った運動遊び）

学年：1年　　時間：全6時間

Before 想定していた授業

時	1	2・3	4〜6
ねらい	みんなでなかよくマット遊びを楽しむ		
ねらい	運動の行い方を知る	高低差のある場で前回りをする	かっこよく回るためのポイントやコツを見つける
主な学習活動	・感覚づくりの運動 ・グループ分け ・高さ前回り	・感覚づくりの運動 ・高さ・低さ前回り ＊課題づくり→課題解決	・感覚づくりの運動 ・高さ・低さ前回り ＊秘密さがし

After 実際の授業

時	1	2	3・4	5・6
ねらい	みんなでなかよくマット遊びを楽しむ →友達の動きを見たり，アドバイスをしたり，お手伝いをしたりする			
ねらい	高いところへ前回りをする	低いところへ前回りをする	かっこいい前回りとはなにか考える	かっこいい前回りをするためにどうしたらいいか考える
主な学習活動	・感覚づくりの運動 ・グループ分け ・高さ前回り	・感覚づくりの運動 ・高さ・低さ前回り ＊平らな場所と高さがあるときの回り方の違いは？	・感覚づくりの運動 ・高さ・低さ前回り ＊かっこいい前回りって？	・感覚づくりの運動 ・高さ・低さ前回り ＊困り事・ポイントの共有

POINT1

「あれ？できちゃった……楽しい！」
Reデザインする

POINT2

違い→かっこよく回りたい！
問いから願いへ変えていく

POINT3

「私さ〜……」「あっ，俺も！」困り感から考える

1　こんな授業をめざしたい！

このときに担任していたクラスは，体育の授業に参加できない子が１時間に数人いる状況でのスタートでした。生活課題として，小学校生活への適応や人間関係の不安という生活課題や就学前の運動経験の少なさから運動への不安を抱える子がたくさんいました。

そこで，「高低差のある場での前回りを媒介として，友達となかよく運動できるようになる」ことと，高低差があるマットの場で前転がりをし，「回転や逆さ感覚を養う」ことをめざして単元を構成しました。

2　なぜ改善したの？

はじめは，とにかく身体を動かす中で「体育の時間は楽しい！」と思ってもらえることを第一に考えていました。しかしながら，本実践が近づくにつれて，前向きな言葉が溢れ，友達との関わりも上手になってくる１年生の様子がみられました。本実践が始まる頃にはクラスの雰囲気が変わりつつあることに少し手応えを感じていました。第１時を終えたときに，子どもたちの運動感覚が思った以上に耕されていたことと，班の友達とキャッキャと楽しむ子どもたちの姿がみられたので，「これだったら友達同士関わりながら学習を進められるかもしれない」と思い，少しずつ試しながら授業を改善していきました。

3　改善の視点がわかる！単元づくりのポイント

POINT1　「あれ？できちゃった……楽しい！」Re デザインする

いざ授業を始めると，子どもたちの運動感覚が思った以上に耕されていました。「小マットから落ちずに回れたら，もう１枚重ねてごらん」と子どもたちに伝えると，みるみるうちにマットが積み重なっていきました。想定とかけ離れていた子どもの姿から，授業を Re デザインし，「（子どもたちと考えた）かっこいい前回りをめざしていく」「かっこいい前回りを巡って友だち同士で関わり合う」へとねらいも Re デザインしました。

POINT2　違い→かっこよく回りたい！問いから願いへ変えていく

　「低いところにも前回りできる？」と訊くと，子どもたちは「簡単！」という反応を示しました。しかし，いざやってみると，子どもたちは「ちょっとの低いのはいいんだけど，差が大きくなるとドシンって身体がなっちゃう」などの難しさがあることがわかりました。すると，「実は，俺さ〜。高いときの方が困っているんだけど……」と，高いところへ前回りをするときに，「おしりが上がらない」「まっすぐ回れない」などと困り事が出てきました。高いところへ行くときと低いところへ行くときの違いを共有していく過程で，どちらでも「かっこよく前回りしたい！」という子どもの願いへ変わっていきました。

POINT3　「私さ〜……」「あっ，俺も！」困り感から考える

　子どもたちとかっこいい前回り（①回り終わった後にお尻が上がる，②まっすぐ回る，③伸ばすと縮めるをはっきりする）という方向目標を決めた後に，困っていることを共有する時間を設けました。困っていることに対して，「○○の気持ちわかる？」と問い返していくと，「私も同じこと困っているんだ」「僕はそういうときあったけど，こうしたらよくできたよ」と子どもたちの対話が生まれてきました。

4　改善の具体がわかる！授業づくりのアドバイス

❶　子どもの実態と教師の見取りのズレを認識する

　授業とは，子どもと教師があってこそ成り立つものです。子どもの初期状態を見取り，授業者は教材や学習内容を選定します。ところが，本実践では，授業を構想したときと授業を行ったときの子どもたちの状態が異なっていました。というよりも，あの当時子どもたちのことを信じきれていなかったのかもしれません。授業者の想定していた状況よりもかなりよいものであったので，子どもたちと対話する時間を増やし，課題づくりをしながら進めていきました。子どもたちの状態は絶えず変化していきますので，学習内容と状態が合っているかということを意識しながら授業を進めていきました。

❷　コツの発見がなされる課題選択をする

　体育の学習の難しさは，課題解決の方法が多岐にわたることや身体を学習ツールとして使うために子ども1人ひとりの運動感覚に頼らざるを得ないことにあります。本単元では，「どんな場でもかっこいい前回り」ということを単元として貫きながら，各時間では，「まっすぐ回るためにはどうしたらよいか」「おしりを上げるためにはどうしたらよいか」ということを学習課題として共有し，その運動イメージに向けてコツの発見を行えるようにしました。子どもたちが自分の身体と対話したり，他者による観察の指摘から自己の状態と運動イメージのズレ

を認識したりできるように課題設定をしました。例えば，「まっすぐ回る」という課題に対して，「勢いをつけて回転を速くするとまっすぐ回れる」ということに気づき，「勢いをつけるには，おしりのところに足をギュンとつけるんだよ」「私は，強く踏み切るようにしているよ」と回転スピードをコントロールすることで解決する子と「小さくなる感じなんだよね」「そう。体をギュッとしてね」と体の締めによって解決する子が見られました。子どもたちの課題解決への方法は1人ひとり異なりますが，自分の実態を認識しながら自分なりのコツを見つけていきました。

❸ 共感的な雰囲気が前向きな学習集団へと変わる

　コツを対話の対象としていくと，「そうそう！　わかる！」と共感できる子と「えっ，どういうこと？」とその運動感覚がわからない子が出てきます。1人ひとりの運動経験や技能は異なりますので，運動感覚を対象にするとどうしてもズレが出てきます。そんなときに，「○○くんの言っていることわかる？」と子どもの発言に対して周りの子に問いかけたり，「じゃあ，○○ちゃんはどんな感じなの？」と問い返したりすることで，「あ〜，その感じだったらわかるかも」や「聞いてみたら似ているかもしれない」「やっぱり違うと思う」というように他者に共感しながら自分の考えを深める場面を創出することを意図的に行いました。この当時は，子どもたちの共感的な態度を高めたいと思っていたので，こうした場面を通して，「自分と違う考えがある」「たしかにそうやったらいいかもしれないな」ということに気づいてほしいと願っていました。こういった場面を繰り返していくことで，誰かがしゃべり始めると「あるある」や「それってどういうこと？」というようなつぶやきも増えていき，学びに対して前向きな集団に変わっていきました。

5　子どもがこう変わった！

　この実践の後から，子どもたちの学び方が変わってきました。次の単元の鉄棒遊びでは，逆上がりを扱いました。「私，足がここまであがるんだけど，そこから先ができないの」とＹちゃんが困り感を発表すると，「あっ，わかる。僕も！」「私はもうできるけど，前そういうときがあったから，その感じわかる」と共感的に学んでいく風土になっていきました。「なんか足を巻き付ける感じ」「脇をギューって締めたまま回るといいよ」と教師から言わなくてもしゃべりだし，共に学ぼうとする子どもたちへとなりました。

（早川　光洋）

3 みんながわかってできて高め合う 横跳び越しから開脚跳び

領域：器械運動（跳び箱運動）
学年：3年　　時間：全9時間

Before & After

Before 想定していた授業

時	1〜3	4〜6	7〜8
ねらい	学び方を知る段階		自分たちで学ぶ段階
	横跳び越しができる	（横置き）かかえ込み跳びができる	（縦置き）開脚跳びができる
主な学習活動	・グループで横跳び越しを行い，ポイントを発見する ・全体で身体のどの部位を見ればよいか共有する ・ポイントを絞ってグループで探究する	・かかえ込み跳びや開脚跳びを行い，課題を設定する ※「どうやったらできるのか」といった抽象から「腰はどうなっているか」などと具体へ絞り込んで課題を設定する ・全体でポイントを共有する ・ポイントを絞ってグループで探究する	

After 実際の授業

時	1〜3	4〜6	7	8	9
ねらい	学び方を知る段階		自分たちで学ぶ段階		
	横跳び越しができる	（横置き）かかえ込み跳びができる	（横置き・5段）開脚跳びができる	重心移動ができる	（縦置き）開脚跳びができる
主な学習活動	・グループで横跳び越しを行い，ポイントを発見する ・全体で身体のどの部位を見ればよいか共有する	・かかえ込み跳びを行い，課題を設定する ・「腰を高く」「肩が着手位置よりも前に出る」を全体で共有し，グループで探究する	・（横置き）開脚跳びの4段と5段を行い，変わってきた点をグループで探究する ・「強い踏み切り」「肩を前に出しながらの重心移動」を全体で共有する	・（縦置き）4段の跳び箱で跳び乗りを行う ・着手位置よりも奥に足を着くためにはどうすればよいか，グループで探究する	・（縦置き）開脚跳びを行い，肩が着手位置よりも前に出るかどうかに着目して探究する

POINT1
既習事項とのつながりと相違点の明確化

POINT2
子どものつまずきに特化した場の設定

POINT3
「学び方」のよさを振り返る

1 こんな授業をめざしたい！

　小学校3年生の子どもたちは，まだまだ自己中心的な世界の中で生活しており，「自分さえできればよい」という考えをもった子が多く見られます。特に器械運動では，その傾向が顕著に見られ，友達にまで目を向けることはなかなか難しいことが現状です。一方，クラス担任としては，1人でできないことでも友達と力を合わせれば乗り越えられるという経験を積ませたいと考えています。

　そのように考えたとき，「関わるよさを感じられる」教材が必要でした。もう少し掘り下げると，「関わり合いの中心に位置づく『技術ポイント』が明確になる」教材です。そこで，跳び箱運動の横跳び越し，そこから発展させたかかえ込み跳びや開脚跳びが適切であると判断しました。

2 なぜ改善したの？

　子どもとともに創る中で大切なことは「子どもの必然に沿った学び」です。今回，教師の計画段階では，6時間目までは横置きの跳び箱でかかえ込み跳びまで行い，その後の開脚跳び（縦置き）に移ったときに「どうすればできるようになるのか」という問いを子どもが抱くだろう。そして，そのときにこれまで学んできたポイントが拠り所となり，子どもたちだけでも学びが進められるのではないかと考えたのです。

　ところが，実際の子どもの様子を見ると，それまで横置きだった跳び箱が突然，縦置きになったことに驚いていました。「横置きと縦置きは全くの別世界」「かかえ込み跳びと開脚跳びは全く別のもの」と捉えていたのです。多くの教師がそうであるように，私も開脚跳び＝縦置きという勝手なイメージをもっており，それをそのまま子どもに提示したことが原因です。なぜ縦置きなのか，開脚跳びになるとそれまでと何が異なってくるのかを考えずに盲目的に計画を立てていた自分に気づきました。そこで，開脚跳びを行う意味と，そこにあるつながりを子どもと共有するための時間が必要だと考え改善したのです。

3 改善の視点がわかる！単元づくりのポイント

POINT1 既習事項とのつながりと相違点の明確化

　子どもは「こうすればできそうだな」という見通しをもてたときに，自ら追究を始めます。いくらよい教材を提示したとしても，一寸先が闇では何をどうすればよいのかわからず，這い回る授業に陥る危険性があります。ここでいう見通しとは「既習事項を生かせば，開脚跳びもできるのではないか」という，それまで学んできたことを使って子ども自身が解決しようとす

る道筋のことです。もちろん，かかえ込み跳びと開脚跳びには共通点がありますので，そこを手がかりに子どもは自ら追究することになります。そして，その過程の中で，「どうもここはこれまでと違うらしいぞ」といった相違点すなわち開脚跳びならではの特性と出会い，学びがさらに深まるというわけです。こうした見通しを子ども自身がもてるかどうかは，それまでの学びの文脈と子どもの願い（問い）に教師が寄り添い，修正も含めて柔軟に対応しようとしているかどうかにかかっているのです。

(POINT2) 子どものつまずきに特化した場の設定

子どもが主体的に学ぶというと，子どもに任せきりになってしまう授業をよく見かけます。私は「放任」と「見守って任せる」の違いの1つは，「子どもの思考が焦点化されているかどうか」だと考えています。その教材や場によって「ここが課題であり，どうすれば解決できるか」と思考が焦点化されている必要があり，だからこそ結果として「わかってできる」が獲得されやすくなるのだと考えています。

縦置きの開脚跳びになると，技術ポイントとして「肩を前に出しながらの重心移動」がより求められます。そして，子どもたちの様子を見ると，肩が着手位置よりも前に出ないため，着手がかえってブレーキになっていました。この点を見える化し思考の焦点化を図るためには，跳び乗りで足を着手位置よりも奥に着く必要性を感じさせる場が必要でした。

(POINT3) 「学び方」のよさを振り返る

突然ですが，なぜ跳び箱運動を授業で全員が行わなければならないのでしょうか。大人になって開脚跳びをする場面はほとんどありません。その1つの答えとして，この跳び箱運動という教材を通して，どういった学び方が自分にとって有効なのかがわかり，次の時間や他の領域（他教科）にも生かせる（汎用的スキル）ようになることが大事だと感じています。

この単元を通して子どもたちは「既習事項を生かせば発展的な技にも応用できる」「友達に自分の動きを見てもらい助言をもらうことでできるようになる」など，自分なりの学び方を獲得していました。そこで，単元終了時にただ感想やできるようになったことを振り返るのではなく，その子自身が学び方を見直し，次の教科（領域）に生かせるように考えました。

4 改善の具体がわかる！授業づくりのアドバイス

❶ 見通しをもち，思考を焦点化する

当初，7時間目からは縦置きの開脚跳びに挑戦しようと考えており，その話をすると子どもたちの大半は大喜び。しかし，その中である女の子が「え，ちょっと嫌だな……」と言い，いきなり縦置きになるのは大きな壁（恐怖心）があることを教えてくれました。多くの子が横置

きと縦置き，かかえ込み跳びと開脚跳びの間に一線を引いており，別次元のものと考えていることに気づきました。「ちょっと嫌だな」の発言は単なるわがままではなく，「このままでは見通しがもてないよ」という自己主張だと感じたのです。

　そこで，開脚跳びでもこれまでの既習事項が生かせることを確認したくて，横置きの開脚跳びの場を設定しました。既習事項とは，踏み切りや腰を上げること，手で跳び箱を強く押すことなどです。しかし，それだけでは縦置きにつながりません。なぜなら，縦置きになると体の投げ出しと着手からの重心移動がより重要になるからです。そこで，それらが感じ取れるように段数を一段上げて5段にしました。

　子どもたちの間では「今までみたいに腰を上げればできるよ」「手でぐっと押すんだよ」など，これまでの知識を生かした話し合いが行われていました。怖いと言っていた子もまずは4段で行い，これまでのポイントが生かせることを知ると，「5段でやってみる！」と自ら挑戦していました。中には跳び箱におしりをついてしまう子もいます。「肩を前に出して！」と周囲の子が一生懸命に教えてくれます。その様子を見た私は，次の時間は肩を前に出しながらの重心移動に思考を焦点化させる必要性を感じました。

　8時間目。跳び乗りを行い，遠くに着手させ，その着手位置よりも足の着地が遠くになることを目標としました。着手よりも足の着地が遠くになるためには必ず肩を前に出しながらの重心移動が必要です。この場を設定したことで，子どもたちの思考は「どうすれば足が前に出るのか」に焦点化され，肩の位置や重心移動に意識が向きました。9時間目の縦置き開脚跳びでは，ほとんどの子が縦置きの開脚跳びができるようになりました。

❷　自ら学ぼうとする力

　既習事項で身につけた技のポイントが次の技にも生かせることを感じた子どもたちは，それを使って今度は友達もできるようにしてあげたいと考えるようになりました。自分がもっている知識で誰かの役に立ちたいと考えたのでしょう。この意識が土台にあり，さらに，発展された技（縦置き，開脚跳び）での見合う視点が絞られた結果，「もっと肩を前に出して」など，真剣に助言する姿が見られました。そして，1人ではできないことでも互いに試行錯誤することで，できるようになることを感じ取っていました。それは，振り返りからも，子どもたちがそのことに手応えを感じていることが読みとれました。

5　子どもがこう変わった！

　「できるかどうか」という意識ではなく，「できるに向かって考えることがおもしろい」という意識に変容しました。また，自分のことだけでなく，「友達もできるようにしたい！」という願いを抱くようになりました。

（齊藤　慎一）

4 授業は生き物　学年を超えてつくりあげよう　創作シンクロマット

領域：器械運動（マット運動）

学年：3年・5年　　時間：全9時間

Before & After

Before　想定していた授業

時	1	2	3〜5	6・7	8
ねらい	前転・後転でシンクロ体験をする	取り組む技の見通しをもつ	シンクロマットで取り組む単技を学び，高める	グループで必要な技の練習をしたりシンクロの演技を高めたりする	できるようになったらシンクロ表現する
主な学習活動	前転・後転を活用したシンクロ体験 ○学習内容を知る ○前転・後転でシンクロマットのよさを体感する	オリエンテーション 技の紹介と選択をする ○学習の進め方を知る ・取り組む技の映像を見る ・取り入れたい技をグループごとに選択する	○学習内容の確認 ○スタディタイム 前転・跳び前転・開脚前転／後転・開脚後転／伸膝後転・側方倒立回転　　　　　○シンクロ＆レベルアップタイム ペアグループで場を時間で交代する	○学習内容の確認	○学習内容の確認 ○場の準備 ○準備運動 ○シンクロマットショー

After　実際の授業

時	1	2	3〜5	6（5年生のみ）	7〜8	9
ねらい	前転・後転でシンクロ体験する	取り組む技の見通しをもつ	シンクロマットで取り組む単技を学び高める	単学年で単技に取り組む	グループで必要な技の練習をしたりシンクロの演技を高めたりする	できるようになったらシンクロ表現する
主な学習活動	前転・後転を活用したシンクロ体験 ○学習内容を知る ○前転・後転でシンクロマットのよさを体感する	オリエンテーション 技の紹介と選択をする ○学習の進め方を知る ・取り組む技の映像を見る ・取り入れたい技をグループごとに選択する	○学習内容の確認 ○スタディタイム 前転・跳び前転・開脚前転／後転・開脚後転／伸膝後転・側方倒立回転　　○シンクロ＆レベルアップタイム ペアグループで場を時間で交代する	○学習内容の確認 ○シンクロ＆レベルアップタイム 5年生だけで実施 シンクロ演技の練習に取り組んだり，単技の練習に取り組んだりする	○学習内容の確認　　　　　○シンクロ＆レベルアップタイム ペアグループで場を時間で交代する　演技紹介時間の設定	○学習内容の確認 ○シンクロマットショー

POINT1 うまくなりたいを叶える

POINT2 困っているグループへのヒント

1 こんな授業をめざしたい！

　私が教師として大事にしたいことは「自分と違う他者を感じる・受け入れること」＝「共生」の視点をもたせたいということです。体力差・技能差・年齢・性別・障害の有無などさまざまな違いを知る，受け入れる子どもに育ってほしいと思っていました。そのような考えのもと，異学年での学習形態を取り入れた授業を行いました。2学年で授業を行えば，技能の差は大きくなります。「異学年集団がもつ個人差は，年齢を超えた対話と交流の文化を育て，集団の中での助け合い，支え合いなどの協同の精神を培うために生かすことができる」のではないかと考え5年生・3年生による「創作シンクロマットづくり」に取り組みました。

　シンクロマットとは，マット運動の技を複数で行い，タイミングを合わせたりあえてずらしたりする，集団での身体表現運動です。

2 なぜ改善したの？

　本単元では，3年生担任として5年生と3年生の子ども，約80人が合同で授業を行いました。学年も違えば，技能，体力，性別などさまざまな違いがある子どもたちが集まり，子どもたちとともにシンクロマットの演技づくりに取り組んできました。シンクロマットの演技をつくり上げるには，チームの仲間と話し合ったり，教え合ったり豊かにかかわる必要があります。チームの仲間と演技を構成しつくり上げるには，子どもたちが主体性を発揮することを大切にしたいと願い学習を進めてきました。そのために，毎時間の振り返りから子どもたちの想いをくみ取り，計画を修正し子どもたちと学びを一緒につくり上げていきました。

3 改善の視点がわかる！単元づくりのポイント

POINT1　うまくなりたいを叶える

　自信があまりない5年生，好奇心旺盛な3年生。授業を進める中で，「自分の単技に自信がないから5年生だけで練習する時間が欲しい」「3年生に教えられるように自分がうまくなりたい」と，5年生に「うまくなりたい」の気持ちが芽生えてきました。その気持ちに応え5年生だけで単技練習をする時間を取り入れました。

POINT2　困っているグループへのヒント

　なかには学びが停滞していたグループも見受けられました。視野を広げるために他のグループがどんな演技をつくっているのか見合う時間を設定することで，困ったグループへのヒントになるようにしました。

4 改善の具体がわかる！授業づくりのアドバイス

❶ うまくなりたいを叶える

　本単元では，前転・後転・側転などの3・5年生ができる技を生かしてシンクロマットの演技をつくり上げました。それぞれのグループの5年生が3年生をリードしながら学習に取り組む様子が見られました。3年生の学習の振り返りからは「5年生が教えてくれてできるようになった」「5年生の技がかっこいい」など意欲を高めて取り組んでいる様子がうかがえました。5年生も教えたり，シンクロ演技を考えたりすることに力を発揮する子どもが増えている一方，できない技を練習する姿を見せることに抵抗感を感じている子もいました。しかし，学習の振り返りでは，「うまくなりたい！」「もっとシンクロをそろえられるようにしたい！」その子たちもうまくなりたい気持ちをもっていることがわかりました。

　その気持ちを叶えるべく，5年生と相談し，3年生と別に自分たちだけで1時間みっちり，単技練習に取り組むように時間を設けました。

　感覚づくり運動の「ゆりかご」「大きなゆりかご」「背支持倒立」のポイントを再確認し，前転・後転は全員で取り組みました。それぞれ，勢いがつかずに立ち上がりがうまくいかない子どもたちが多かったので，その点を中心に指導しました。みるみると上達する子どもたちが多く子どもたちの意欲の高まりを実感しました。できるようになりたいと子どもたちが思えることがどれだけ大切なのか再確認しました。授業を終え教室に戻ると，5年担任に「後転ができた！」「僕は伸膝後転もできたよ」「聞いて！　開脚後転ができたんだ」と多くの子どもが報告していました。

❷ 困ったグループへのヒント

　自分たちだけで学習に取り組み，「できた」実感をもてるようになると，自分の意見をみんなの前で出すことに抵抗感をもっていた5年生の子どもたちが，「シンクロの工夫に少し行き詰まってきました」「ホワイトボードに毎回やりたい演技を書き直して，毎回違うことをしてきたら，進まなくなってしまった」「練習をもっとしたいです」と自分の想いを伝え合うように変容してきました。5年生にとって「シンクロマット」が自分たちの学習になっているのを実感できたのでしょう。だからこそ，「できるようになりたい」けど，どうしたらいいのだろうといった悩みをもつようになったと感じました。

　そこで，学び合いの機会を取り入れ「困っているグル

ホワイトボードにやりたい演技を何度も書き直す

ープへのヒント」になるようにしました。他のグループの演技を紹介し合うことで，良いと思う演技を自分たちの演技に取り入れたり，技をそろえるポイント（掛け声をかける）などに気づいたりしました。子どもたちが学びたいと実感をもっているからこそ，他のグループの学習の様子を切実感をもって見ることができたのだと思います。３年生よりも５年生の方が，演技を食い入るように見ていたことがとても印象的でした。

5　子どもがこう変わった！

　子どもたちが単元を通して，前のめりに意欲的になっていくのを肌で感じることができました。「シンクロマット」の教材がもつ魅力であったり，異学年での学習形態を取り入れたりしたことで，同じ学年の子どもたちの中では力が発揮しにくいが，異年齢の子どもたちに教える立場になることで学びを深めていたのだと思いました。そして，「どうしよう，できない」「もっとできるようになりたい」そんな子どもたちの声を大切に学習計画の修正をすることで，より教材のもつ特性に触れさせることができ子どもたちに多くの変化が見られたのではないかと思っています。

　単元最後の発表会は大いに盛り上がりました。普段だったらできないとすねてしまう５年生の子が，生き生きとリーダーシップを発揮して，演技の発表に取り組んでいたり，単元の初めには３年生に声をかけられずに少し距離を取っていた子が，５年生だけで取り組んだ時間に自信を深め，３年生に声をかけながら自分も堂々と演技をする姿も見られました。

　また，３年生も「早く高学年になって，僕らも難しい技に挑戦したいな」「倒立やりたい！」「お姉ちゃんが優しくてやる気になれた」と５年生からたくさんの刺激を得ている様子が見られました。

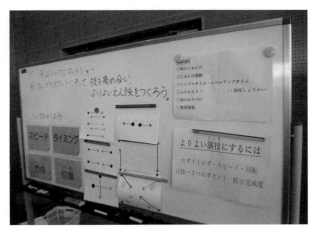

シンクロマットショーの指導が見えるホワイトボード

（直井　典之）

5 あら不思議！ダイナミックがとまらない 前転から跳ね跳び

領域：器械運動（マット運動・跳び箱運動）
学年：5年　　時間：全8時間

Before & After

Before 想定していた授業

時	1	2・3	4〜6
ねらい	前転の出来栄えを確かめる	前転のポイント（後頭部着頭と順次接触による重心移動）を見つける	台上前転から伸膝台上前転や首はね跳びなどの発展系の技ができるようにする
主な学習活動	オリエンテーション ・本単元の流れ ・準備の方法 ・毎時の流れ ・自分や友達の前転をタブレットの動画で観て，出来栄えを確かめ合う	・前時の振り返り ・感覚づくりの運動 ・前転に挑戦 ＊前転するときの困り感を確認し，課題づくりを行う⇨課題解決 ⇨より高度な身体操作，跳び箱運動の回転系へつなげる	・前時の振り返り ・感覚づくりの運動 ・台上前転から伸膝台上前転や首はね跳びなどの発展系の技に挑戦 ＊台上前転や伸膝台上前転をするときの困り感を確認し，課題づくりを行う⇨課題解決

After 実際の授業

時	1	2・3	4	5〜7	8
ねらい	前転の出来栄えを確かめる	前転の連続技に挑戦して，身体の使い方を考える	台上前転のポイントを考える	伸膝台上前転や首はね跳びのポイントを考える	できるようになった技を発表する
主な学習活動	オリエンテーション ・本単元の流れ ・準備の方法 ・毎時の流れ ・自分や友達の前転をタブレットの動画で観て，出来栄えを確かめ合う	・前時の振り返り（後頭部着頭と順次接触による重心移動） ・感覚づくりの運動 ＊「前転⇨前回り⇨V字バランス」で自分の身体をコントロールできるようにする ＊動きの質を高めるために，友達と協力して探究する	・前時の振り返り ・感覚づくりの運動 ・マットを重ねて台上前転 ＊グループの全員が合格したらマットを1枚ずつ増やす（マット1枚5cmなので，3枚で1段分） ・まとめ	・前時の振り返り ・感覚づくりの運動 ・跳び箱を2台連結して台上前転 ＊グループの全員が合格したら手前の跳び箱を1段ずつ低くする ＊安定した伸膝台上前転ができるようになった子には，首はね跳びの跳ねるタイミングを探究させる	・学習を振り返る ・感覚づくりの運動 ・発表会 ＊1人ひとりのがんばりや，できるようになった技を称え合う

POINT1
「ため動作」を見つけよう！

POINT2
マットを重ねて台上前転にチャレンジ！

POINT3
跳び箱2台を連結して，台上前転に近づける！

1 こんな授業をめざしたい！

　非日常的な運動である器械運動の授業では，子どもたちの能力を考慮せずに指導を行うと，苦手な子どもたちは技や用具に対する恐怖心から，ますますやる気を喪失します。この実践時に担任していた5年生の学級にも「台上前転するのが怖い！」と言って，不安を感じていた子どもが36名中29名いました。そこで，子どもたちの実態に合わせた学びのプロセスを大事にしながら単元計画を考えました。

　また，グループ学習を手立てとして，「思考力，判断力，表現力等」を重視し，子どもたちに技のコツを考えさせることも意識しました。他者からのアドバイスや励ましを受けながら自己の動きの質を向上させます。そして，他者からの指摘を受けた課題を解決しようとグループで話し合う活動を通して，技のポイントやつながりに気づいていけるようにしました。技ができることで自分への自信や友達同士の認め合いにつながる授業をめざしたいと考えました。

2 なぜ改善したの？

　1時間目で前転を体験した子どもたちは，「回転するときに首や背中が痛い」「起き上がるときに脚が開いてしまい，手を着かないと起き上がれない」などの困り感をもっていました。そこで，単純な技から複雑な技へと細かな課題を用意したり，用具を工夫したりして段階的に学習し，毎時間わずかであっても達成の喜びを感じていけるように改善しました。具体的には，「接点技群」に焦点をあて，「後頭部着頭」や「順次接触」の基本技能を高め，マット運動の特性を十分味わわせてから「台上前転」や「伸膝台上前転」「首はね跳び」につなげていきました。

3 改善の視点がわかる！単元づくりのポイント

POINT1 「ため動作」を見つけよう！

　2・3時間目には，前転の連続技を体験し，前転や連続技のポイントをグループで探究しました。その結果，「猫背になって，頭，肩，背中，腰の順に着いていくと痛くない」「前転は，できるだけ腰を高く上げた姿勢から回り始め，立ち上がる直前にかかとをおしりに素早く着け，手を前に出すと手を使わずに立つことができる」「前回りは，お腹に力を入れながらV字バランスで回転を止めることを考えながらゆっくり回る」などの学びが学級全体で共有されました。私が前転の連続技を取り上げた理由は，前回りからV字バランスにつながる動作が伸膝台上前転や首はね跳びのために必要な動きの獲得につながるのではないかと考えたからです。

POINT2　マットを重ねて台上前転にチャレンジ！

　単元の中盤，体育ノートに「マットの上では，かっこよく前転ができるようになったのですが，跳び箱の上で台上前転をすることを考えると痛そうで怖い！」と困り感を書いていた子がいました。そこで，マットの横の長さ（90cm）が跳び箱の縦の長さ（80cm）と変わらないことを学級で確認し，マットを跳び箱と見立てて何枚も積み重ねていくことにより，跳び箱と同じ高さにしていくことにしました。この改善によって「マットを積み重ねて高さを上げても難しくなっている実感がない」「むしろ勢いがついて回転しやすい」「跳び箱と同じ高さになっても怖くない」という子どもの声が生まれ，苦手な子も意欲的に学習するようになりました。

POINT3　跳び箱2台を連結して，台上前転に近づける！

　単元の終盤，マットを重ねたことで，台上前転に対する恐怖心が少しずつ薄れ，技が安定してきたタイミングで，子どもたちから跳び箱でやってみたいという声が上がりました。そこで，最初は跳び箱2台の連結で同じ高さから始め，グループ全員がその高さでの前転が達成できたら，手前の台を1段ずつ下げていくことにしました。この改善によって台上前転のポイントをグループで改めて確かめることができ，マットから跳び箱へと無理なく移行することができました。

4　改善の具体がわかる！授業づくりのアドバイス

❶　前転の連続技で重心移動を味わう

　前転の連続技は，自分の身体をコントロールするおもしろさを味わったり，首はね跳びの「ため動作」につなげたりする意図をもって改善しました。子どもたちが前転の連続技で発見した課題は，「前転の後に膝が開いてしまい手を使わないと立てない」「V字バランスで脚が下に下がってしまう」「回転スピードを落とさないと，次のV字バランスができない」などで，グループ内でも課題を見つけ解決していくための話し合いや練習が行われていました。次の時間には，「手を使わずに起き上がる前転とV字バランスができるようになろう」をクラスの共通課題にしました。両手で着手し，できるだけ高く腰を上げた姿勢から前転することをみんなで試してみたところ，勢いに頼って前転していた子どもたちができなくなり，困っていました。全員を集め，やってみて気づいたことを発表したり，実際にやってもらったりしました。子どもたちからは，「起き上がるときに手を前に出すと起き上がりやすい」「回転しているときに膝を伸ばし，かかとがマットに着く直前にかかとをおしりに引き寄せると身体が起き上がる」などの意見が出ました。その後のグループ練習では，かかとをおしりに着けるタイミングを確かめるようにみんなで声をかけ合いながらゆりかごの練習をする姿も見られました。

❷　マットを重ねて台上前転

　跳び箱に対して恐怖心を抱いている子がいたので，跳び箱をマットに替えてみました。はじめに全員を集め，私が「跳び箱の上で台上前転するのが怖いと感じている人がいるよね」と言うと，うなずいている子がたくさんいました。マットの横の長さ（90cm）が跳び箱の縦の長さ（80cm）と変わらないことを確認するため，跳び箱の1段目をマットの上にのせてみました。子どもたちからは，長さが同じであることに対して驚きの反応がありました。横向きのマットを重ね高さを出していけば，マット1枚が5cmなので3枚で跳び箱1段（15cm）と同じ高さになることを全体で確認しました。

　重ねたマットの上で回るときに意識することとして，マットの縫い目を目安にまっすぐ回ることや，脚が開かないように膝に帽子を挟んで立ち上がるまで落とさず回ることを確認しました。また，前転の連続技で学習した内容も生かしながらゆっくりと大きな台上前転をめざしました。その後，グループ内で技を見合ったり，教え合ったりする中で，台上前転に恐怖心を抱いていた子どもたちも怖がることなく，高く重ねたマット（跳び箱4段相当）の上で，台上前転することができました。台上前転することに対して拒絶していたKさんが「回っているときに宇宙空間にいるみたいで楽しい」と言うまでになりました。

❸　跳び箱2台を連結して台上前転

　マットでの台上前転を生かして，跳び箱でもやってみたいという声が子どもたちから上がりました。少しでも恐怖心を取り除くため，同じ高さの跳び箱を2台つなげた場を用意し，高さのある所から前転して着地するという感覚を身につけさせました。さらに，手前の跳び箱の高さを1段ずつ下げていき，台上前転の状態に近づけていきました。初めは，横に落ちてしまうかもしれないと怖がる子がいたり，列の最後に残ってやらない子もいました。しかし慣れてくると「マットの上でやった前転と同じだ」という声も聞かれるようになり，難なくできるようになっていきました。子どもたちが練習している様子や体育ノートの内容から，第2空中局面の「ふわっ」とした感覚がおもしろいと感じているようでした。最終的には，助走から勢いをつけた首はね跳びにも挑戦したいという気持ちが多くの子に出てきて挑戦することにしました。

5　子どもがこう変わった！

　跳び箱運動に不安を感じている子どもたちにとって，8時間という短い時間での授業でしたが，子どもたちの授業への意欲の高まりは目を見はるものがあり，どの子も楽しみながら技の習得をめざして活動していました。単元を前転から始めることで，順次接触や後頭部着頭を丁寧に学習し，台上前転に対する恐怖心も軽減できました。また，男女混合，異質グループで学び合うことで，友達と技の仕組みを探究する姿が見られるようになりました。　　　　　（鈴木　正利）

6 2次空間を攻略しろ 台上前転で空間開拓

領域：器械運動（跳び箱運動）

学年：5年　　時間：全8時間

Before 想定していた授業

時	1	2・3	4～6
ねらい	学習の見通しをもつ マットで前転をする	台上での前転で，高さに慣れる	安定した台上前転から首はね跳びをする
主な学習活動	・オリエンテーション ・場づくりの確認 ・前転	・前転（マット） ・前転（跳び箱1段） ・台上前転	・台上前転 ・首はね跳び

After 実際の授業

時	1	2	3・4	5～7	8
ねらい	学習の見通しをもつ	タメを意識した前転をする	はねに気づく	はねのコツをつかむ	発表会をする
主な学習活動	・オリエンテーション ・学習の流れの説明 ・場づくり ・前転	・はやい前転とゆったりとした前転の違いに気づく ・ゆったりとした前転 ・タメを意識した前転	・高さを意識したタメのある前転 ・台上前転 ・大きな台上前転 ・はね動作に気づく	・はねのグループでの分析	・発表会の準備 ・発表会

POINT1
「タメ」を作らせる

POINT2
「タメ」から「はね」へ

POINT3
個人の課題を，グループ全員の課題へ

POINT4
発表会をしよう

1　こんな授業をめざしたい！

　体育の授業でめざしたことは大きく分けて２つあります。第１に「全員がわかり，できる」ようになることです。わかり方やでき方には運動能力やこれまでの経験による違い（個人差）が必ず存在します。しかし，単元の学習によって，すべての子どもたちが以前よりも上手になることはできると考えるため，全員がわかり，できることに重点を置きます。

　第２に，「上手になるために仲間とかかわり合う」ことです。わかり，できるようになるためには，どうしても異質な他者とのかかわり合いが不可欠です。お情けやお仕事のようなかかわり合いではなく，全員が上手になるという，切実な願いからグループ学習が行われることで，子どもたちが民主的で開放的な学習集団を形成していくことができると考えます。

2　なぜ改善したの？

　想定した単元計画では，オーソドックスな授業の流れを構想していました。なぜなら，子どもたちがどこでつまずいたり，悩んだりするかは，想定することしかできないからです。

　そこで，授業を構想するにあたって第１のめざしたい姿である「全員がわかり，できる」ことを中心に単元計画を立て直しました。首はね跳びという技における技術の仕組みを分析し，より多くの子どもたちに共有させやすい学習内容を中心に単元を構想しました。

　授業を進めていくと，子どもたちのわかり具合やでき具合に当初の計画から「ズレ」が生じてきます。このズレを見逃さず，子どもたちのリアルな要求に耳を傾けながら，教師が子どもたちとともに単元をつくり変えていくことで，全員が上手になりやすくなるとともに，やらされている授業からつくり上げていく授業へと転換させていくことができると考えています。

3　改善の視点がわかる！単元づくりのポイント

POINT1　「タメ」を作らせる

　単元の前半では「タメ」を意識した前転を心がけました。第１時の授業の様子から，勢いに任せることで前転が「できてしまう」子が多かったからです。それでははね動作を獲得する単元の後半につまずくことが予想されたので，「タメ」に時間を多く割くことにしました。

POINT2　「タメ」から「はね」へ

　はね動作を獲得する際のポイントは「タメ→はね」であると考えました。第１時の様子から，タメを意識した授業をしました。そうすることによって，大きくゆったりとした台上前転ができ，はね動作をより分析的に学習していくことができました。

POINT3　個人の課題を，グループ全員の課題へ

タメを意識した前転と台上前転が全員できるようになりましたが，はね動作は，できる子とできない子が班にいました。そこで，グループ学習によって「その子がなぜできて，なぜできないのか」を今までの学習内容を視点に分析し合う時間を設けました。互いに見合い，教え合うことで今まで何となくできていた子も，「なぜ自分ができていたのか」が明確になったり，できない子が体の一部に意識を集中させたりするなど，「意識の焦点化」を明確にした有意義な学習となりました。

POINT4　発表会をしよう

今までの学習のまとめとして，発表会をすることで1人ひとりの学習を振り返る時間を設けました。冒頭で述べたように，1人ひとりの技の出来栄えには，運動能力や経験などの個人差が関係します。しかし，誰もが以前より上手になることはできるのです。発表会を意図的に盛り込むことで，1人ひとりの成長を感じさせることができます。このようにして，子どもたちが子どもたち同士を大切にできる学習集団は組織されていくと考えられます。

4　改善の具体がわかる！授業づくりのアドバイス

❶　全員がわかり，できるための教材を選ぶ

体育の授業では，実技が中心となりますから，ともすれば「経験させておけば」1時間が終了することが少なくありません。しかし，それでは子どもたちが楽しむことはできるかもしれませんが，学習を通して成長することはできません。そもそも体育科において学ばせたい楽しさとは，スポーツ文化の特性に触れたときに初めて感じる「奥深いもの」であって，1人ひとりが感じる情意面としての楽しさではありません。

では，どのようにすれば，その「奥深さ」を味わうことができるのでしょうか。それは，実技を伴って身体全体でできる喜びを味わうことであり，技ができるためには，「できるための技の仕組みがあること」をわかることです。この技の仕組みを学習することで，身体を通して技ができる喜びを感じていくことでしょう。

そのためには，子どもたちに合わせた教材を選ぶことが大切です。私の場合は首はね跳びを選択しましたが，子どもたちの実態や経験から，柔軟に教材を選択していく教師の主体性が，子どもたちのわかり，できる喜びを生み，スポーツ文化の奥深さに出会わせるきっかけになると私は考えます。

❷　1つの技を全員で学習するから，みんなと学び合うことができる

教科学習としての体育科の目線から，わかり，できることの大切さを述べてきました。しか

し，学校教育全体を通して見ても，１人ひとりの成長とともに「集団」としての高まりも期待されていることは言うまでもありません。つまり，異質な集団で構成されるクラスが，各教科の学習や生活指導，行事を通して集団として組織化されていくことに，学校教育としての価値があるということです。

　そのために，体育科教育では，何ができるのでしょうか。それは，わかり，できることをめざして，実技を伴って「ともに学び合う」ことであると考えます。教室での授業とは違って，体育の授業では技術学習や戦術学習において異質な他者ペアやグループになって相互にかかわり合いやすい特徴をもっています。そのため，できない子ができたときや，チーム戦術がうまくいったときなどに，ともに心から喜び合う姿を見ることができます。

　そのような姿を授業場面でつくっていくために私が大切にしていることは，「１つの共通課題を，全員で学習する」ことです。これにより，クラス全員で同じ話題を共有することができます。その際，教師側が「わかり，できる」技の仕組みを丁寧に指導することで，子どもたちはその仕組みを共通言語にしながら，より一層教え合ったりかかわり合ったりするようになります。「わかり，できる」ことと，それをめぐって「学び合う」ことを，教師と子どもたちがともにめざしていくところに，授業改善の視点はあるのではないでしょうか。

5　子どもがこう変わった！

　１つの共通課題を全員で学習することを校内の体育実技研修などで紹介すると以下のように指摘されることがあります。それは「もとからうまい子はもう首はね跳びはできてしまう」「できてしまう子は授業中に飽きてしまう」といったことです。

　実際，私も子どもたちと出会う４月など，１学期の最初の頃にはそういう場面に出くわすことがあります。しかし，私は単元の最初から「全員が成長できるクラスをめざす」と子どもたちに宣言し，１つの課題で全員が成長することはできると信じて授業を進めます。そうすると，単元の最後には，今までやる気のなかった運動が得意な子や，仲間とかかわることが苦手だった子ほど，運動が苦手な子ができるようになった姿を見て，大喜びをするのです。

　私は，クラスで共通課題を学習していくことには，２つの意味があると思っています。第１に，当たり前のようですが，今までできなかった子たちができるようになること，運動が苦手な子たちが学び合いを通してスポーツの喜びを味わいやすいことです。そして第２に，運動が得意な子たちにとって，できていた技の仕組みをより鮮明にわかるようになり，より深いレベルでできるようになることにも価値があると思います。その過程で，どんな子でも上手になれることを知り，仲間の可能性を感じるとともに，大切にするようになるのです。ここに，体育科の価値があるのではないでしょうか。

（久保　州）

領域や種目を超えて
みんなで「回る」を極めよう

領域：体つくり運動・器械運動（マット運動，跳び箱運動）
学年：5年　　時間：全10時間

Before & After

Before　想定していた授業

時	1	2	3	4	5	6	7	8	9	10
領域	体つくり運動		マット運動					跳び箱運動		発表会
ねらい	「よりよい回る」の合意形成		前転のコツやポイントの発見・深化					台上前転のコツやポイントの発見・深化		
主な学習活動	①「回る」というイメージからさまざまな動きを体験（例）丸太転がり　おしりを着いて回旋　ブリッジから立つ　前転・後転 等　②「よりよい回る」は，どのような動きか，動きながら考える		①器械運動における「よりよい」は，技の出来栄えであることを確認する「難易度」「雄大さ」「正確性」「美しさ」を追い求めていくことを合意形成　②「前転」「後転」の習得を通して，「回る」動きの出来栄えをよくするためのポイントを見つける「後頭部を着くこと（後頭部着頭）」「順番にマットに体を着けていくこと（順次接触）」「着手の位置により雄大さが変わること」等					①「台上前転」の習得を通して，前転との違いを探る　跳び箱の上で回ると何が変わるのか，身体のコントロール法に迫る　②より豊かな空間表現をめざし，台上前転での「回る」動きの出来栄えを良くするためのポイントを見つける		前転・台上前転の発表

After　実際の授業

時	1	2	3	4	5	6	7	8	9	10
領域	体つくり運動		マット運動					跳び箱運動		発表会
各時間の学習課題・内容	・「回る」をイメージして動いてみる　・よりよい「回る」動きの発見	・教室での話し合い活動　・よりよい「回る」動きの合意形成	・前転のポイントを見つける	・勢いを生み出すためのポイントを見つける	・「ゆっくり」「大きい」「小さい」の三種類の前転に取り組み，これまでに見つけたポイントを確かめる	・補助つき後転を通して，重心移動の感覚をつかむ	・重心移動を感じるとともに，台上前転へ	・台上前転と前転を比較して，ポイントの違いを探る	・より良い台上前転をめざす	・これまでの活動の成果を発表する
子どもたちの気づき・学び　全体で共有した	・よりよい「回る」動きをイメージして動いてみると，前転（技）になることを発見	・よりよい動きとは，「難易度」「雄大さ」「正確性」「美しさ」の4観点がもとになっていることを合意形成	・首先導による猫背，かかとの引きつけ，開始姿勢の腰の高さの重要性に気づく	・「動物歩きのくま」が開始姿勢に,「ゆりかご」が立ち上がりに関連していることに気づく　・腰角のコントロールの重要性，勢いを生み出すための踏み切りに注目	・腰角や着手の位置により前転の大きさが変わること，試技中に視点が変化していることに気づく　・踏み切りが強いと立ち上がれず，つぶれてしまうことに気づく	・腰が頭を越えた瞬間に，重心が移動している感覚をつかむ	・前転でも重心移動の感覚を確認　・ショートマットを重ねて高さを生み出し，台上前転へ移行する	・腰を上げることの大切さ，かえるの足打ちとの動きの関連に気づく	・補助の仕方の確認。踏み切りからの順次接触の難しさを実感	・学習成果の発表

POINT1
目標を「技の達成」から，回るという動きの「出来栄えの向上」へ！

POINT2
「ゆっくり」「大きい」「小さい」で身体のコントロール法を実感！

1 こんな授業をめざしたい！

　2学期にマット運動，3学期に跳び箱運動などと，領域や種目ごとに内容が設定されている年間指導計画をよく見かけます。その結果，単元で学びが完結し，1つの単元が終了すると，子どもたちもどこか「終わった」と感じてしまっていることに，私はいつももったいなさと「どうにかしたい」という思いを感じていました。鉄棒運動の前回り，マット運動の前転，跳び箱運動の台上前転と領域内で学びはつながっています。さらに，体つくり運動領域で行う動物歩きや固定施設を使った運動は，器械運動領域と親和性の高い運動です。領域や種目という固定観念に縛られなければ，単元と単元の学びをつなぎ，子どもたちに汎用性の高い知識や技能を習得してもらうことができるはずです。そのような発想から，今回は「回る」という動きの出来栄えに焦点化し，領域を超えた学びの実現に向けた複合単元を構想しました。

2 なぜ改善したの？

　技の一連の動きの絵や，「あごを引く」「後頭部をマットに着ける」などの言葉が書き加えられた吹き出しによって，子どもたちに技のポイントを伝えようとしている掲示物や学習カードをよく見かけます。しかし，それらの情報を伝達したとしても，子どもたちは理解することはできても，技ができるようにはなりません。情報を知識としては理解できても，自分の身体を通した感覚としては理解できていないからです。子どもたちが自分の身体を，自分の思い通りに動かせるからこそ，「技」を体現することができます。そのためには，自他の動きを観察して技の仕組みであるポイントを見つけ納得することと，そのポイントを体現しようと何度も試行錯誤を繰り返して，動感意識であるコツをつかむ必要があります。技の仕組みであるポイントを主体的に発見して知識として情報を取得する営みと，自己の身体と対話しながら感覚としてコツをつかんでいく営みの両者が相互作用しながら学びを進められるような単元を構想する必要があります。だからこそ，今回は「回る」という動きに焦点を当てました。

3 改善の視点がわかる！単元づくりのポイント

POINT1　目標を「技の達成」から，回るという動きの「出来栄えの向上」へ！

　器械運動は「できた」「できない」がはっきりと認識できてしまう運動です。技ができるかどうかという結果だけを見て活動を進めると，苦手な子が劣等感を抱きやすくなってしまいます。しかし，「どのようにすれば，より大きく，より滑らかに，より美しく，よりイメージ通りに回れるか」といった出来栄えに着目し，「どうすれば出来栄えをよくできるか」を共通課題とすることができれば，「できる」の対象に幅をもたせることができます。同じ技であってもよ

り大きくできている姿やより滑らかにできている姿などを受容・賞賛することで，子どもたちの「難しい技ができる子がすごい」という固定観念を崩すとともに，技ができる過程に実感できる身体のコントロール法の重要性に目を向けられるようになります。そうすれば，能力差を超えて「ともにポイントやコツを探究する学び」が実現できると考えました。そこで，「回るという動きをよりよくしていくこと」を目標にして学びを進めていくことを合意形成しました。

POINT2 「ゆっくり」「大きい」「小さい」で身体のコントロール法を実感！

　前転という1つの技においても，出来栄えにはさまざまあります。ここでは，「速さ」と「大きさ」に着目し，①「ゆっくりと勢いをつけずに前転をすることができるか」，②「ショートマットいっぱいを使った大きな前転ができるか」，③「ショートマットの横（短い方）で収まる前転ができるか」の3種類に挑戦しました。①では「後頭部，肩，腰と自分の身体が順番にマットに着いていくこと」，②では「腰角（腰の開き具合）の大きさや着手位置で技の大きさをコントロールできること」，③では「開始姿勢で腰を高くする重要性や両手の間に頭を入れることで後頭部を着けること」などに，子どもたちは気づいていきました。1つの技であっても，出来栄えに着目して「速さ」や「大きさ」を意図的に変化させようと試みると，意識していなかった身体のコントロール法を実感できることが味わえた瞬間でした。

4　改善の具体がわかる！授業づくりのアドバイス

❶　体つくり運動からマット運動の「前転」へ，そして跳び箱運動の「台上前転」へ

　第1時は「よりよく回ってと言われたら，どのような動きをする？」という問いに対して身体で表現してみる活動から始まり，第2時の教室での話し合い活動を通して「よりよく回るを追求していくと器械運動のような出来栄えに着目していく必要があること」が合意形成されました。器械運動の学びにおいては，子どもたちの関心に寄り添おうと1時間の中で回転系・切り返し系といった系統の異なるさまざまな技に取り組むような授業も構想できますが，それでは他者とともに探究していくことは困難です。なぜなら，系統によって迫るべき身体のコントロール法も異なるので，それぞれの子どもたちがもつ目標の方向性も異なってしまうからです。しかし，本単元では「回るという動きの出来栄えの向上」という方向性の目標を全員が共有できたことで，他者と能力を比較するのではなく，互いの願いに寄り添って協力しながら学ぼうとする姿がたくさん見られるようになりました。器械運動に苦手意識があった子も，単元が進むにつれて少しずつ抵抗感を減らし，積極的に試技をするようになっていきました。イメージをもとに回ってみる活動からマットの上での前転，そして跳び箱を用いた高いところでの台上前転へと「回るという動きの出来栄えを追い求めていく中で，結果として技が発展していくこと」を実感しながら，身体を巧みにコントロールしようと活動に没頭する姿が増えていきました。

❷ 器械運動に苦手意識がある子どもの具体的な変容

　前転をしようとしても，腰が頭を超えていかず横に倒れてしまうＡさんがいました。同じ班の友達がＡさんに「後転なら，きっと回り方がわかるよ」と励ましたことをきっかけに，第6時は後転に取り組むことにしました。出来栄えをよくしようと取り組んできた中で気づいた「着手の仕方はグーでもよい」「おしりを少し上に上げるイメージ」といったコツを友達がＡさんにアドバイスし続けると，Ａさんがある瞬間にクイッと腰を上げ，後転に成功しました。膝からの着地でしたが，Ａさんが「重心が移動した」と初めて感覚としてわかった瞬間でした。

　前方に身体を投げ出すことに恐怖を感じ，補助がないと前転ができないＢさんがいました。第7時，同じ班の友達はどんどんマットを重ねて台上前転へと学びを進めていきます。しかし，Ｃさんは1人だけＢさんに付きっきりで，「手は足元」「おへそを見て，頭の後ろを着けば回っちゃうから」とアドバイスを送り続けました。周りの騒がしさに目もくれず，アドバイスし続けるＣさんの姿に心動かされたＢさんは，勇気を出して両手を足元に着き，後頭部を着こうと両手の間に頭を入れると，クルっと前に回っていきました。その瞬間，立ち上がってハイタッチをするＢさんとＣさん。それに気づいた同じ班の友達も集まってきて喜びを分かち合っていました。その後はＢさんも一緒に班で協力して台上前転へと学びを進めていきました。

　回る動きの出来栄えに着目したことで，それぞれが「誰もが見てわかる技の仕組みであるポイント」と「自分の感覚としてつかんだコツ」の両者に迫り，どうにか自分の感覚を言語化しようと試みていました。そうして生まれた子どもたちの気づきがアドバイスとなり，子どもたち同士のかかわりを生み，器械運動に苦手意識がある子を変容させていきました。そして何より，他者の変容を喜べる「仲間」になっていきました。

5　子どもがこう変わった！

　この単元が始まる前は，「できる」「できない」がはっきりと認識できてしまう学習内容に取り組むと，どうしても他者との優劣を過度に意識してしまう実態がありました。しかし，今回の単元を通して，技の習得という「結果」だけを追い求めるのではなく，回る動きの出来栄えという「過程」に目を向けることができ，その結果，能力差にとらわれることなく，他者と気づいたことを対話しながら，協同して学びに向かう姿がたくさん見られるようになりました。また，集団の高まりだけでなく，子どもたちの学習感想から，学級のほぼ全員が「マットや跳び箱に両手，後頭部，肩，腰と順番に着いていくこと」や「着手位置によって前転の大きさが変わること」を自己の身体の感覚としてわかっていたことが明らかになりました。「学習集団の高まり」と「身体のコントロール法の実感」の両者を味わえた，学び多き単元となりました。

（久我　隆一）

8 コースをみんなでつくってみよう とんで！くぐって！リレーあそび

領域：走・跳の運動遊び（走の運動遊び）
学年：1年　　時間：全7時間

Before & After

Before 想定していた授業

時	1	2	3・4	5・6
ねらい	リレー遊びの学習の仕方を知る	ルールやマナーを守ってリレー遊びを楽しむ	自分に適した障害の越え方を考えながら取り組む	より速くバトンを渡せるバトンパスの仕方を考える
主な学習活動	・学習の進め方の確認 ・チーム分け ・ルールの確認 ・折り返しリレーをやってみる	・障害物なしの折り返しリレー ・障害物ありでの折り返しリレー ※タイムは毎回計測する	・ハードルのくぐり方や，障害物の飛び越え方を工夫し，自分に適した走り方を見つける ・友達の走り方からいいところを見つけたり，改善点をアドバイスし合ったりする	・自分たちがどんなバトンパスをしているのかを知る→ iPad で動画を確認 ・正面から受け取る方法や後ろ向きで受け取る方法など，いろいろなバトンパスの仕方を実際にやってみて確かめる

After 実際の授業

時	1	2	3	4・5	6	7
ねらい	リレー遊びの学習の仕方を知る	ルールやマナーを守ってリレー遊びを楽しむ	自分に適した障害の越え方を考えながら取り組む	より速くバトンを渡せるバトンパスの仕方を考える	自分たち（チーム）に適した障害の置き方や越え方を工夫する	障害物があっても調子よく飛び越えたり，くぐったり，全力で走ったりすることができる
主な学習活動	・学習の進め方の確認 ・ルールの確認 ・折り返しリレーをやってみる	・障害物なしの折り返しリレー ・障害物ありでの折り返しリレー ※タイムは毎回計測する	・ハードルのくぐり方や，障害物の飛び越え方を工夫し，自分に適した走り方を見つける ・友達の走り方からいいところを見つけたり，改善点をアドバイスし合ったりする	・自分たちがどんなバトンパスをしているのかを知る→ iPad で動画を確認 ・正面から受け取る方法や後ろ向きで受け取る方法など，いろいろなバトンパスの仕方を実際にやってみて確かめる	・決められた障害物をどのように配置するとよりスムーズに走ることができるのかを考える ・友達の越え方も観察する	・どのくらいの感覚で障害物を置けば気持ちよく，早く走ることができるのか見つけることができる

POINT1
走ることのおもしろさに触れられるコースを十分に用意する

POINT2
みんなが楽しむためのルールやマナーも大事にする

POINT3
バトンパスでタイムが縮んでいくことを実感させる

図　〈使用した障害物〉
　・ケンステップ
　・段ボール
　・ハードル

障害物の配置をチームで考える！

1 こんな授業をめざしたい！

本単元は，１年生で実施した小学校低学年の「走・跳の運動遊び」で取り扱う「リレー遊び」の実践です。もともと「走る」ことが好きな子が多く，普段の遊びの中でも，ちょっとしたことで「あそこまで競争ね！」と，走ることを楽しんでいました。しかし，日常の遊びの中だけでは気づけない，自分の身体を移動させたり，バランスをとったりして，身体を巧みに操作させながら感じることのできる，走るおもしろさも，授業を通して実感してほしいと思いました。障害物を設置したり，ギザギザコースなど，いろいろな場を用意したりすることで，場に応じた腕や脚の使い方に着目しながら，「こんなふうに走ったらスムーズに走れたよ！」という，その子の感覚を共有し，走る技術を習得させたいと考えました。

また，日頃の遊びの中で競争を楽しんでいる子どもたちなので，「リレー遊び」を行い，協同し競争することのおもしろさも経験させたいと考えました。リレーは，「バトンパス」の技術が必要になるので，バトンパスの技術をチーム・クラス全体で探究し，高めていくことで，タイムが短縮されていく喜びを味わうことができます。以上のことから，本単元では，教師が設定した障害物のあるコースで「折り返しリレー」を行い，「バトンパス」ではどのようにバトンを次の走者に渡すと，より速い「バトンパス」ができて，タイムが短縮されていくのかを協同していくことを目標としました。

2 なぜ改善したの？

実際に障害物ありの「折り返しリレー」を行っていくと，リレー遊びの競争性や，記録が向上していくことのおもしろさに夢中になる姿がみられました。また，障害物として設置したハードルを上手にくぐれたり，ケンステップをリズムよくとべたりすることで，走るスピードを落とさずに走れるという気づきを共有し合う様子もみられました。さらに，バトンパスについても「正面で向かい合うようにしてバトンパスをすると，友達とぶつかってしまう」という意見や，「本当の選手は走りながらバトンを渡しているよ」といった子どもたちのさまざまな気づきで，より速いバトンパスを追究していくことができました。単元としてはここで終わってもよかったのですが，「コースも自分たちでつくってみたい！」という意見が子どもたちの中からでたので，コース上で使用する障害物と，その個数のみを限定し，「どのように障害物をコースに置くと，より速く走ることができるか」という問いで「コースづくり」も行うこととしました。

3 改善の視点がわかる！単元づくりのポイント

POINT1 走ることのおもしろさに触れられるコースを十分に用意する

　前述した通り，低学年の子どもたちにとっては，ただ走ることだけでも十分おもしろく，魅力的な運動遊びです。そこにちょっとした難しさを導入し，ジグザグに走ったり，くねくね曲がるように走ったり，障害物を走り越えたりするような動きを取り入れることで，ただまっすぐ走るときとは違ったおもしろさに出会い，走り方の工夫を楽しみます。自分の体を上手に操作して走りきることの楽しさや，おもしろさを味わえるような場をいくつも用意することで，「こんな走り方はどうかな？」「こんなコースもつくってみたいよ」という思いがうまれました。子どもたちの「もっとこうしたい！」を引き出すためにも，いろいろな走り方とおもしろさがあることを感じさせる場を用意しました。

POINT2 みんなが楽しむためのルールやマナーも大事にする

　ただ走ることだけでなく，いろいろな走り方に加えて，本実践ではリレー遊びも行っています。みんなが気持ちよくリレーを楽しめるようにするためには，どのようなルールやマナーが必要か，単元の初めに確認するだけでなく，振り返りの中でもそのつど，子どもたちから意見や考え，気づきを伝え合わせました。本実践の子どもたちにとって，初めて個ではなく仲間との協力が必要な学習内容であったことや，1年生であるということから，他者と協同し競争することのおもしろさには，ルールやマナーが守られることも含まれるということを，子どもたちの困り感に寄り添いながら繰り返し話しました。

POINT3 バトンパスでタイムが縮んでいくことを実感させる

　バトンパスがスムーズに行えるか行えないかでは，チームの記録が大きく変わってきます。リレー遊びでは，バトンパスの技術について，子どもたち同士が見合いながら，協同的に学び合うことができるため，いくつかバトンパスの方法を教師が提示し，チームで選択して，どれだけスムーズにバトンパスができるようになったかを単元の前後で比較するようにしました。

4 改善の具体がわかる！授業づくりのアドバイス

❶ コースをつくろう

　はじめは教師の用意したコースにチャレンジしますが，いろいろな動きの経験を生かして，「よりスムーズに走りきれるようなコースをチームでつくる」という課題を設定しました。なぜそのようなコースがいいと思ったのかを自分の言葉で伝えたり，実際に走る姿で説明したりする活動を通して，互いの考えを認め合う姿がみられました。また「私にとってのスムーズとあ

なたにとってのスムーズが違う」ということに気づいた子たちは，障害物を飛び越すときの歩幅の違いであるということにも気づき，置く位置を走る人によって変えたらどうかという話もしていました。1年生なので，実際にリレーが始まると競争に夢中になり，障害物の置く位置をその子に合わせて変える等の姿はみられませんでしたが，歩幅の違いにも着目できたのは，子どもたちの「スムーズ」という言葉によって引き出された気づきなのだと思います（図 p.50参照）。

❷　バトンパスの違いがチームの違い

　小学校低学年の子どもたちのリレーでも，すべてのチームでタイムが短縮できる「バトンタッチの技術」（学校体育研究同志会編，2019）には「うしろむき→前向き」「前むきスタート」「前むき＋顔も前むき」「前むき＋リード」の4種類があり，どのバトンパスがよいかはチームごとに選ばせて練習を行いました。競争性が強いので，単元の初めは勝ち負けにこだわりすぎてもめごとが起きたり，障害物を無視する子がいるといったことで「話し合いをしたい！」と言い出したりする子がいましたが，バトンパスがうまくいくとタイムが縮むというおもしろさに出会うと，自分たちのチームの変化に喜びを感じるようになりました。結果的に，バトンパスの仕方はチームそれぞれ選ぶものが違いましたが，「そのやり方でも速くなるんだね！」と，お互いの変化を認め合う様子がみられ，バトンパスの違いがそれぞれのチームのよさとして考えられる学びの時間となりました。

5　子どもがこう変わった！

　本実践の子どもたちは，前述した通り，チームで競い合うような学習はリレー遊びが初めてであったことから，勝ちへのこだわりが強く，勝敗に関することでのもめごとが単元の前半では多くありました。しかし，リレーのバトンパスのコツが，子どもたちにとってちょうどいい協同的な学びの仕掛けとなり，「より速くバトンパスをするにはどうしたらよいのだろう」と追究する姿に変わりました。ジグザグに走ったり，障害物を走り越えたりといった，いろいろな走り方を楽しむだけの学習では，このような子どもたちの変容はみられなかったと思います。

　子どもたちは，この学習のあと，「他のクラスも巻き込んでリレー大会を開きたい！」と，学年リレー大会を計画し，準備や会の運営等もよく考え実行しました。他のクラスの子に，バトンパスのコツを教えてあげる姿もみられたことから，バトンパスでタイムが縮まるということが，子どもたちにとって大きな学びだったことをさらに感じました。

　ただ「体育の授業」として終わらせるのではなく，体育の授業を中心としながら，子どもたちの願いや思いに寄り添い，一緒に授業をつくっていく過程が，子どもとともに教師自身も成長させられるのだと本実践を通して改めて感じました。

（庄司　佳世）

【文献】　学校体育研究同志会編（2019）たのしい陸上運動・陸上競技ハンドブック，学校体育研究同志会

9 子どもの願いを学びにつなげる レッツ！リボン

領域：走・跳の運動（かけっこ・リレー）
学年：4年　　時間：全7時間

Before & After

Before 想定していた授業

時	1	2	3～5	6
ねらい	学習課題を考える	長いリボンを上げるコツを知る	自己の課題と学び方を考え，選ぶ	単元のまとめの活動を選ぶ
主な学習活動	・リボン走の行い方を知る ・学習計画を立てる	・どんどんと長くし，自分の最長に挑む ・とことん走る ・コツを押さえる	・自分の走りの課題を見つける ・課題解決に向けての学び方を考える	・まとめの活動として行いたい活動を考えたり，選んだりする

After 実際の授業

時	1	2	3	4・5	6	7
ねらい	学習課題を立てる	もっと長いリボンをもっと長い時間上げられるようにする	速く走るコツやポイントを見つける	自分の課題を見つける	・課題の解決に向けて追究する ・脱力による走の気持ちよさを味わう	単元のまとめの活動を選ぶ
主な学習活動	・リボン走の行い方を知る ・学習計画を立てる	・長いリボンに挑戦する ・リボンの上がり方を確認する ・上げるためのポイントを出し合う ・見合い方や見合うポイントを確認する	・「早さ」「高さ」「長さ」のポイントを意識する ・速く走るポイントやコツを探す	・教具を用いて「見える化」されたポイントをもとに自分の走り方の課題を探す	・友達と見合いながら課題の解決に向かう ・適切なフォームで脱力をし，走の心地よさを味わう	・まとめの活動として行いたい活動を考えたり選択したりする

POINT1
子どもの事実から出発する

POINT2
向上心をより引き出す教材選び

POINT3
軌道修正が許される授業

POINT4
子どものストーリーを大切にする

1 こんな授業をめざしたい！

運動会に向けたリレーの単元（バトンパス）が終わり，「もっとリレーのタイムを縮めるために，今度は個人の走力を上げたい」という子どもの願いがあったことと，「もっと子ども同士の対話が活発になってほしい」という教師の願いがあったことを重ね合わせ，リボン走の単元を設定しました。「コツやポイントを見つけるのが苦手な子どもでも，リボンは上がった（地面から一定の時間離れた）・上がっていない（地面から離れていない）が明確にわかること」「振り返りながら背中のリボンを確認しつつ全力疾走することは難しく，人に見てもらう必然性が生まれること」この2点からリボン走では対話が生まれやすくなると考えました。

2 なぜ改善したの？

いざ試技が始まると，リボンという教具を前に「すぐにやりたい！」といった様子，夢中になって何度も走る様子が見られました。リボンという教具によって，走る意欲はもちろんのこと，「どうしたらリボンが上がるのか」という問いが自然に生まれていきました。この「問い」を出発点に，子どもとともに学習計画を立てました。主体的な学びの実現に向けて「自分が挑戦するリボンの長さを自分で選ぶこと」「誰と学ぶのかを選ぶこと」「どの課題を選ぶのか」など，課題を解決するための方法や学び方について，子ども自身に「選択させる」という方法をとりました。私自身，「なんとなく，速く走るコツや走る楽しさに気づいてくれれば……」というくらいの思いでした。しかし，第3時に子どもから「もっと速く走れる方法（コツ）があるのではないか。それを知り，共有しながら実践していきたい」という声が上がったことで，当初の学習計画を修正し，速く走るためのポイントを探す時間を多く組み入れることにしました。また第4時には「自分の課題を探す，決定する」という時間を設けました。自分の課題について仲間とともに真剣に考える子どもたち。「もっといろいろ試したい，もっと考えたい」との要望から，課題を見つける時間を増やしました。

3 改善の視点がわかる！単元づくりのポイント

POINT1 子どもの事実から出発する

普段は年間指導計画通りに時期や単元を選んでいましたが，今回は子どもからの声や思いに沿った単元選択を行いました。学校行事との兼ね合いや，これまでの授業との系統性をもたせたことで授業が始まる前から子ども自身のやる気が大きかったように感じました。子ども1人ひとりが，目標と意欲をもって取り組むことができました。

POINT2　向上心をより引き出す教材選び

　普段の授業で試技を見合っていても，どこをみたらよいのか，何を伝えたらよいのかで悩む子どもが多いように感じたので，「上がった・上がっていないが明確にわかるリボンを用いること」「背中にリボンを装着することで1人では確認しづらいこと」からコツやポイントを見つけるのが苦手な子どもでも見るべき視点が明確になり，対話のきっかけが生まれやすくなるのではないかと考えました。

POINT3　軌道修正が許される授業

　教師の中で学習計画やねらいをもちながら，軌道修正があることを念頭におき，単元に余裕をもたせること，子どものリアルな声から学習をつくっていくこと・改善していくことが大切なのだと感じました。子どもは今どんなことを感じ，何に気づき，どうしたいと思っているのかを聞き取り，見取り，計画に組み込んでいくようにしました。

POINT4　子どものストーリーを大切にする

　単元中盤，子どもの思いは「リボンをもっと上げるためには走力を高めなければいけない」→「自分の走り方の改善」へと変わっていきました。つまり子どもの見合う視点が「リボン」から「走り方（フォーム）」へと変わっていったのです。しかし，それがフォームを見るのかリボンを見るのかの混乱の原因にもなってしまいました。そこから「リボンも1つの道具にすぎないから，なしで走ってもよい」とすると，視点が絞られ，フォームが見合いやすくなったようでした。すると今度はそのフォームの修正で本当に足が速くなったのかを確かめようと，再びリボンを装着し始めました。この学びが自分たちのものである，という自覚がうかがえました。

4　改善の具体がわかる！授業づくりのアドバイス

　第1時前半はリボンを着用したことにより，後ろを振り返りながら自分のリボンを確認し，走っている子どもの姿が多く見られました。しかし，後ろを振り返りながらだと全力で走れていないことに気づき出し，次第にペアやグループになっていきました。教師がねらっていた，リボンという教具を用いたことでかかわり合いが生まれたように感じます。走力を上げるためには「足を速く回すこと」「腕を振ること」「前傾姿勢になること」がポイントではないかと子どもからあがりました。第2時では上がらない長いリボンに挑戦し続ける子どもがいる反面，上がりやすいリボンで上がり方を見たいという子どもが現れ，このことをきっかけに，Aくんは早い段階から上がっている・Bくんは高く上がっている・Cくんは長い間上がっている，などというように「早さ（より早くにトップスピードになれているか）」「高さ（より速いトップ

スピードであるか）」「長さ（よりトップスピードである時間を長く保てるか）」が出てきたため，キーワードとして押さえ，着目し始めました。しかし第4時になると，子どもの気づきが減り，対話が少なくなったように感じました。子どもに聞いてみると，「リボンが上がっているかいないかを見ていると，フォームのよし悪しがわからない」というような声が多く聞かれたのです。**POINT4** でもふれたように，フォームとリボンのどちらを見ていたらよいのかという混乱の原因にもなってしまっていたようでした。「リボンも1つの道具にすぎないから，なしで走ってもよい」と伝えると，子どもたちの視点が絞られ，フォームが見合いやすくなったように感じました。そして「歩幅が大きすぎてもよくない」「前傾姿勢すぎて変じゃない？」と技能面に着目したアドバイスが増えていきました。第5時ではリボンを外したことにより，走力が上がっているのかがわからず，再びリボンをつける子どもが見かけられました。第6時では「課題を意識することは大事だと思うが，意識しすぎるとぎこちなくなってしまう」という声もあり，脱力による走の気持ちよさも視野に入れ声かけを続けました。第7時目は子どもと予定していたまとめの時間とし，50m走の再測定や，かけっこなどを行いました。もともと「リレーのタイムを縮めるために，個人の走力を高めたい」と始まった単元であったため，リレーのチームで集まってタイム測定しているグループもありました。

5 子どもがこう変わった！

　学級の実態としてなかなか対話が活発にならないことが課題でした。今回の単元を通し，自発的に課題や問いをもち，教具を介しながら友達とかかわり合う姿が多くみられたことはすごくうれしく感じました。対話をしたくなるような仕掛けを作ることや，見合う際の視点を明確にすることがとても大切なのだと感じました。また，軌道修正があることを念頭におき，単元に余裕をもっておくこと，子どものリアルな声から学習をつくっていくこと・改善していくことが子どもの主体性を育てる上で大切なのだとわかりました。一方で，必要に応じて教師側から観察のポイント，見合い方などアドバイスは行っていました。「子どもが主体的につくる授業」とは子どもにすべて任せるということではなく，子どもの思いから単元を設定したり，向上心をもてるよう教具を工夫したりし，子どもの声と一緒に軌道修正しながら，教師も探究者の1人となり，思いを伝えながら「ともに」つくっていくことなのだと実感した単元でした。

（植阪　知哉）

10 わたしの走りをコントロール 50mペース走

領域：走・跳の運動（かけっこ・リレー）
学年：4年　　時間：全8時間

Before 想定していた授業

時	1	2・3	4	5・6
ねらい	学習の見通しをもつ	ピッチとストライドについて理解する	コントロールしやすい走りを探す	グループ対抗戦
主な学習活動	・学習の流れの説明 ・50m走基本タイムの計測 ・50mペース走（8〜9割走）	・50mペース走（8〜9割走） ・自分のストライドを計測し，ピッチを算出する	・50mペース走（8〜9割）	・グループ対抗戦

After 実際の授業

時	1	2	3	4〜6	7・8
ねらい	学習の見通しをもつ	ピッチとストライドについて理解する	どうすればピッチとストライドをコントロールできるようになるか探究する	自分なりのリズムを見付けて一定のペースで走る	一定のリズムで走ることができるように目印をおいて走る
主な学習活動	・学習の流れの説明 ・50m走基本タイムの計測 ・50mペース走（8〜9割走）	・50mペース走（8〜9割走） ・自分のストライドを計測し，ピッチを算出する	・振り返りの共有 ・50mペース走（8〜9割走）	・振り返りの共有 ・グループ対抗戦 ・グループで話し合い	・振り返りの共有 ・50mリズムペース走 ・グループで話し合い

POINT1
授業の冒頭で振り返りを全体に共有！

POINT2
子どもの振り返りの内容をもとに学習計画を修正！

POINT3
子どもとともに話し合い，課題を解決するための新たな活動を取り入れる！

1　こんな授業をめざしたい！

　子どもの中には，短距離走では「速く走れることが偉い」といった暗黙の了解があります。それでは，速く走れる子どもは自信をつける一方で，タイムが遅い子どもは走ることがどんどん嫌いになっていきます。そこで，私は子どもたちに「50mペース走」という教材（詳細は後述）を提示しました。この単元では，短距離走の常識を見つめ直して，「うまく走ること」を目標に，「走りの仕組み」を明らかにしながら「自分の走りをコントロールするための技術」を探ることをめざしました。また，自分の走りは自分で分析できないため，グループで学習し，走りを見合ってお互いにアドバイスをしました。「うまく走る」ためには友達の走りがヒントになります。友達の走り方を見て自分の走り方と比べることで「自分の走りの特徴」が浮かび上がってきます。友達と走りを観察・分析し合うことで学習集団が形成され，他者とともに学ぶことのよさを味わうことができると考えました。

2　なぜ改善したの？

　私は毎時間振り返りを書かせています。振り返りで子どもが気づくことはとても豊かなので，子どもが向き合っている運動課題も読み取ることができます。そのため，ピッチとストライドの学習に２時間をかける予定でしたが，振り返りで何人もの子どもたちが，「走りをコントロールするための技術」に気づいていたので，３時間目の授業内容を修正しました。そして，授業の初めに振り返りを読んで，子どもたち自身が向き合っている運動課題を明確にし，皆が探究していきたいと思えるめあてをつくりました。さらに，「走りをコントロールするための技術」を探究していくと，単元の後半では子どもが「リズム」が１つの鍵となることを明らかにしました。そこで子どもたちと話し合い，リズムをコントロールすることをめざした活動を設定しました。当初の学習計画にはなかった活動です。このように教師から提示された学習計画やめあてに子どもを当てはめるのではなく，子どもに寄り添い学習計画やめあてを組み替えていったのです。これにより，子どもが主体的に活動するようになると考えています。

3　改善の視点がわかる！単元づくりのポイント

POINT1　授業の冒頭で振り返りを全体に共有！

　授業の初めに，子どもが書いた「走りをコントロールするための技術」についての振り返りを全体に共有しました。このことで，友達の「うまくいった」という気づきや，「うまくいかなかった」という悩みが他の友達にもわかるようにしました。そして，子ども同士の学び合いを促し，子どもの考えを広げていくことをねらいました。

POINT2　子どもの振り返りの内容をもとに学習計画を修正！

　子どもの振り返りを読んでいると，皆が向き合っている課題が見えてきます。授業の冒頭で，全体に振り返りを共有し，子どもが発見したことに基づいて「走りをコントロールするための技術には〇〇が大事そうだ」という仮説を立て，その日に探究することを導き出しました。そのようにして学習計画を修正し，子どもとともにめあてをつくっていったのです。

POINT3　子どもとともに話し合い，課題を解決するための新たな活動を取り入れる！

　学習を進めていくうちに，「走りをコントロールするための技術」が徐々に明らかになりました。そして，その1つとしてピッチとストライドをコントロールするための「リズム」が大切であることがわかりました。そこで，リズムコントロールの技術を高めていくための方法を子どもと話し合って考えました。そして，マーカーを使った「リズムペース走」という活動を追加したのです。

4　改善の具体がわかる！授業づくりのアドバイス

❶　「コントロールされた走り」をめざして

　この単元で取り組んだ「50mペース走」とは，まず50mを全力で走ってタイムを測定し，自分の基本タイムとします。そして，「50mペース走」では，10mの助走をつけてから8～9割の力で50mを一定のペースで走り，全力で走った基本タイムへ近づけます。単元後半では，基本タイムとの誤差を得点化し，グループで得点を競い合いました。

　この学習では，がむしゃらに力いっぱい走って「速さ」を追求することはしません。むしろ，自分の走りと向き合い，ペースをコントロールして「うまく走る」ことをめざします。そのために，「走りの仕組み」を解明し，走りをコントロールするのに必要な「技術」を皆で探究したのです。

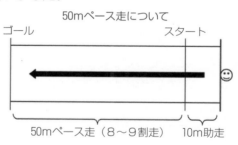

50mペース走について

ゴール　　　　　　　　　　　スタート

50mペース走（8～9割走）　10m助走

❷　走りの仕組みとは？

　第2時では，子どもから「走っているときの自分の歩幅を知りたい」と意見が出たので，自分の走っているときの歩幅，「ストライド」を測ってみました。そして，ストライドがわかると，自分が何歩で50mを走っているのかが計算でわかります。また，1秒間の足の回転数である「ピッチ」も計算で求められます。電卓を使って計算して，自分のストライドやピッチがわかると，子どもは「自分は1歩でこんなに進んでいるのか！」「1秒間にこんなに足を動かしているのだね！」と目を丸くしていました。さらに，子ども同士のストライドやピッチの違い

にも驚いていました。1歩が大きくて回転数が少ない子どもがいれば，1歩が小さく回転数が多い子どももいます。どちらがよいということではなく，人にはそれぞれ走りの特徴があるということを確認しました。そして，走りは「ピッチ×ストライド」で成り立っていて，これらをコントロールすることで，一定のペースで走ることができることを共通理解しました。

❸　リズムのコントロール

　第2時で一定のペースで走るための技術についての考えが出ていたので，第3時ではピッチやストライドをどのようにコントロールするのかをグループで探究しました。子どもたちが発見したポイントの中で特に焦点が当てられたのは，走るときのリズムです。そこで，「どのようにリズムをコントロールするのか」が皆の課題になりました。そして，子どもたちは安定したリズムで走るために，自分なりの合言葉を唱えながら3歩や4歩のリズムで走ったり，腕の振りを利用してリズムよく走ったりするようになりました。今まで速く走ることしか考えていなかった子どもが，「走りの感覚」に目を向け，自分の走りと向き合っていました。

　さらに，単元後半では，子どもの意見をもとに話し合いながら，リズムをコントロールして走ることができるように，コース上に，走るときの歩幅で4歩ずつ，等間隔に目印となるマーカーを置きました。リズムよく走ることができていれば，4歩目の右足もしくは左足が毎回マーカーと同じ位置に来るようになります。4歩のリズムを駆使してピッチとストライドをうまくコントロールできていないと，走ったときに4歩目の足がマーカーからずれていきます。そのズレをグループの友達とお互いに確認しながら，自分の走っているときのリズムや感覚と実際の走りをすり合わせていきます。この活動は，よりリズムを意識したペース走で，「リズムペース走」と呼びました。当初は予定していませんでしたが，目の前の課題の解決に向けて教師と子どもがともに考えて，この活動を取り入れることにしました。

　今回の単元では，走ることの常識を捉え直し，自分の走りとたっぷり向き合うことができました。またグループやクラス全体で走りをコントロールするためのポイントを交流し合ったり，互いの走りを見てアドバイスをしたり，友達と学び合いながら学習を進めることができました。

5　子どもがこう変わった！

　初めは，走るのが遅いことに劣等感を抱いている子どもが何人かいました。しかし，そういった子どもも，自分の走りを徐々にコントロールする方法がわかり，一定のペースで走ることができるようになると，走ることをとても楽しんでいるようでした。また，この単元で「走りの仕組み」を科学的に明らかにしたことで，運動には隠された仕組みがあるということに子どもたちは気づきました。さらに，ピッチとストライドが人によって全然違うということがわかり，お互いの「個性」にも気がつくことができました。

（鴨下　達郎）

11 「誰が速い」から「みんなで伸びる」

領域：走・跳の運動（小型ハードル）
学年：4年　　時間：全7時間

Before & After

Before 想定していた授業

時	1	2	3〜5
ねらい	小型ハードル走や学習の進め方を知る	自分に合ったインターバルを知る	自分の50m走のタイムを抜くにはどうすればいいかを考える
主な学習活動	○場の準備（小型ハードルをグループで自由に4台置く） ○試走（自分のグループや他のグループ） ○走りやすさと走りにくさの共有	○前時の振り返り ＊走りやすくするためには，小型ハードルをどのように並べたらいいか考える ○一定の間隔に並べられた小型ハードルを走り越える ○自分に合ったインターバルを知る ○タイムチャレンジ	○速く走り越えるためのポイントを見つける ○タイムチャレンジ ○グループで競走（合計タイムを記録し，勝敗を競う）

After 実際の授業

時	1	2	3・4	5	6	7
ねらい	小型ハードル走や学習の進め方を知る	自分に合ったインターバルを知る	50m走のタイムを抜くにはどうすればいいかを考える	1台ハードルを"全力"で走り越す	"全力"で走り越すうえでの自分に合ったインターバルを知る	タイムチャレンジと標準ハードルへの挑戦
主な学習活動	○場の準備（小型ハードルをグループで自由に4台置く） ○試走する（自分のグループや他のグループ） ○走りやすさと走りにくさの共有	○小型ハードルをどのように並べたらいいか考える ○一定の間隔に並べられた小型ハードルを走り抜ける ○タイムチャレンジ	○同じインターバルで走るグループに分け，速く走り越すためのポイントを探す ○試走① ○ポイントの共有 ○試走② ○タイムチャレンジ	○感想の交流 ○タイムが縮まらないという仲間の困り事を共有し，運動観察する ○課題を明確にする ○課題解決に取り組む ○まとめ	○一定の間隔に並べられた小型ハードル4台を全力で走り抜ける ○ねらいの共有 ○タイムチャレンジ	○タイムチャレンジ ○標準ハードルへの挑戦 ○まとめ ○振り返り

POINT1 必要感のある共通課題に

POINT2 友達の困り感を解決しよう

1 こんな授業をめざしたい！

陸上運動は，「誰が速かったか」「誰が遠くまで（高く）跳べたか」「誰が遠くまで投げられたか」という，他者と競う側面があります。一方，自身の記録の伸びに着目すると，技能習得をめざして自己成長の可能性が感じられる側面もあると考えています。運動の特性上，個のイメージが強いので，子どもたちが相互にかかわりをもちながら上手に運動できないかといつも悩みながら計画を立てています。今回は，「友達の運動にアドバイスをし，そのアドバイスを受け止め，咀嚼し，自己調整しながらタイム更新をねらう」そんな授業をめざしました。

2 なぜ改善したの？

今回紹介する授業は，当初は小型ハードル走の一連の流れの中から課題を見出し，学ぶ課題を局面に分けて練習し，そしてまた一連の流れの中で局面で練習したことを活用するという計画を立てていました。子どもがお互いにアドバイスし合いながら技能の習得ができればと考えていたのです。しかし，分習法で学んだポイントを意識しているのにタイムが縮まらないという子どもからの困り感が出てきたので，それに寄り添う形で進めていくことにしました。友達の困り事を自分事として捉え解決していく経験は，人間関係にも肯定的なよい影響が出るのではないかと考えました。また，体育科という教科の特性を用いて，子どもの意識を肯定的に変える学級経営もできるのではないかという担任としての思いもあり改善を図りました。

3 改善の視点がわかる！単元づくりのポイント

POINT1 必要感のある共通課題に

個別に課題を見出していた子どもたちもいましたが，みんなで課題解決に向けて試行錯誤できる共通課題を設定しました。個のイメージが強い陸上運動の中で，どのように友達と協働しながら運動を行っていくか，折り合いをつけながら納得解を見出していくか，その過程も大切にしてほしいという教師の願いと子どもの実態も踏まえ修正しました。

POINT2 友達の困り感を解決しよう

全体の中での自分を意識するときに，友達に対しての劣等感や引け目を感じることが日常生活の中にもたくさんあったクラスでした。今まで1人の子のマイナスな思いを，全体で共通理解し解決しようということを授業の中で意図して取り組んでこなかったので，思い切って1人の子の困り感に焦点を当てた授業計画へと修正しました。

4 改善の具体がわかる！授業づくりのアドバイス

❶ 時にはまわり道も！～思い切って子どもに委ねる～

　３時間目，小型ハードルの間は一定の距離であることが気持ちよく走り越すために必要ということを共通理解した上で，より速く走り越すために必要なことはないかと発問したときに，子どもたちはさまざまな予想を出してきました。教師としては①インターバル間の歩数→②踏み切りと着地の位置→③振り上げ足，と順番をつけた学習計画を立てていましたが，子どもたちの必要感は小型ハードルを高く跳ばないことでした。教師が考えていた指導計画を変更し，子どもに委ねて進めていこうと決めました。「高く跳ばないためには，どのように小型ハードルを走り越せばいい？」と発問すると「なるべく低く」という答えが返ってきました。そこで，「低く速く走り越すために必要なポイントがあるか探してみよう」と目標を確認しました。子どもたちは目標達成のために自分の身体と向き合い，また，運動観察を通して「少し遠くから踏み切って，跳ばずに走り抜ける」という答えを自分たちで導き出し，納得解としました。

　４時間目の子どもたちは，さらにタイムを速くするためには「踏み切る足が毎回変わらないこと」が大切と予想をしました。前時と同じように目標達成のために，自分の身体と向き合いつつ，友達の運動観察をし，アドバイスする時間をとりました。Ａ班から「３歩と５歩」についての話題があがりました。「踏み切る足は同じだけれど『３歩の方が走りやすい』『５歩の方が走りやすい』と意見が分かれた」という内容でした。改めて試してみたいという声があったので，どちらがやりやすいか，どのような違いがあるのかもう一度試したいという子どもたちの思いに寄り添うこととしました。彼らが導き出した答えは，「人それぞれやりやすい方があるけれど，踏み切り足が毎回変わらないことが大切」でした。「３歩でも５歩でもどちらでも踏み切り足が変わらないならＯＫ」という納得解を導き出しました。

　子どもたちに委ねることで，まわり道のような時間を取ってしまうこともあると思います。しかし，ときに教師の予想を超えたり，失敗から学んだり，折り合いをつけ納得できる答えを導き出したりすることもあります。頭ごなしに教師が正しいと思うことを指導するのではなく，子どもたちの声を聞きながら，必要感をもって取り組めるようコーディネートしていく大切さを実感しました。

❷ 子どもの困り感に焦点を当てて！～体育授業で学級経営～

　その他にも大切にしていることがあります。それは，できるだけ課題は子どもたちの困り感から引き出すということです。頭でポイントを理解していても身体がその通りに動かなかったり，やっているつもりでも実はできていなかったりすることもあります。ときに，ポイントを意識してやっているのに回数や記録が伸びないこともあります。授業中はなるべく困っている子を探したり，困っていることがないかを聞いたり，体育ノートでは困り事が記されていない

かに気をつけて目を通したりしています。それを見つけたら，できる限り全体に投げかけるようにしています。個の課題を全体の課題とすることで，その課題を解決しようと目標が明確になり，主体的に運動をしたり，運動観察をしたり，自然と対話（アドバイス）が始まったりすると考えています。そして，その課題を解決しようとめざすものを同じにすることで，人間関係にもよい影響が見込まれ，肯定的な学級へと醸成されていくとも考えています。

　私のクラスには，結果にばかり目がいってしまったり，優劣をつけたがったりする子どもがいました。勝ち負けを強く意識する個々の競争ではなく，技能習得の過程において他者と協同しながら学習を進めていけないかと考えました。その手立てとして，個人の記録を得点化し，クラスの得点を集計して，全体としての伸びを実感できるような単元計画をイメージしました。

　授業の中盤，Ａさんの体育ノートに「タイムが縮まらない。自分は貢献できていない」という悩みが記されていました。リズミカルに走れているのに，結果としてタイムが縮まらないというものでした。５時間目は，Ａさんの課題解決の時間に当てました。

　子どもたちと運動観察をすると，「全力で走れていない」と指摘がありました。確かにインターバル間は３歩で走り越していたのですが，１台目のハードルの前でスピードを緩めてしまっていたのです。中には，「自分もハードルの前でスピードを緩めてしまう」と自覚している子どももいました。その課題を解決するためにはどうしたらよいかを問うと，「スタートから１台目をとにかく全力で走り越す」という課題解決策が子どもから提示されました。「スピードを緩めずに走り越せているか」に焦点化して，１台ハードルという教材に取り組みました。班で運動観察し合うと，多くの子どもがスピードを緩めているという実態が浮き彫りになりました。「スピードを落とさないためには」という課題に対する試行錯誤があちらこちらで始まり，自然とアドバイスをし合う姿が見られました。「スピードを落とさないためには，やっぱり少し遠くから踏み切った方がよい」と友達と確認しているＡさんの姿もありました。前時までに確認されていたポイントが，自分事として腑に落ちていく１時間でもありました。

5　子どもがこう変わった！

　一人の困り感にみんなで寄り添い解決していくことや，得点化したクラス合計タイムの得点が増えていくことを実感していく中で，相手を意識した学び合う姿や，アドバイスを聞きそれを身体を使って試し，自分の身体と向き合い対話しながら取捨選択したりする姿がみられました。もちろん腑に落ちた知識を得ていく姿も。

　この授業をきっかけに，普段の生活の中でも少しずつ相手のことを考えられる言動となったり，相手の成功を喜んだりする姿が増えました。友達の困り感から共通課題を見つけ，みんなで解決していくという過程の中で，導き出した解決方法こそとても尊い価値のあるものだと意味づけられたことで，肯定的な学級集団へと醸成されました。

（齋藤　裕）

12 「赤西陸上」を学びの原動力へ

領域：陸上運動（ハードル走）
学年：5年　　時間：全8時間

Before & After

Before 想定していた授業

時	1	2・3	4・5	6
ねらい	学習の進め方を知る	ハードリングの技能を身につける	友達同士，アドバイスを通して，身につけた技能を高める	学習のまとめをする
主な学習活動	・学習内容の確認 ・40m走計測 ・ポイントタイム ＊ハードル走の技能ポイントを知る ・40mハードル走計測	・エンジョイタイム ＊リズミカルに走る楽しさを味わう ・ポイントチェックタイム ＊技能ポイントの確認 ・パワーアップタイム ＊アドバイスし合う ・タイム計測	・ポイントチェックタイム ＊めあて・技能ポイントを確認する ・パワーアップタイム ＊アドバイスをし合う ・チャレンジタイム ＊友達と競走しながらタイム計測	・練習タイム ・赤西陸上（記録会）

After 実際の授業

時	1	2・3	4	5〜7	8
ねらい	学習の進め方を知る	・ハードル走に慣れる ・低いハードルで3歩のリズムで走り越す	3歩のリズムで速く走るための技能をつかむ	友達同士，アドバイスを通して身につけた技能をさらに高める	学習のまとめをする
主な学習活動	・学習の内容の確認 ・40m走計測 ・ポイントタイム ・40mハードル走計測	・エンジョイタイム＊リズミカルに走る（走り超す）楽しさを味わう			
		・ポイントチェックタイム ・パワーアップタイムⅠ ＊低いハードルで3歩のリズムで走り越す心地よさを味わう ＊3歩のリズムで走れているのか見合う ・40mハードル走計測	・ポイントチェックタイム ・パワーアップタイムⅠ ＊振り上げ足を伸ばす・低いハードリングができているか見合う ・40mハードル走計測	・パワーアップタイムⅡ ＊個々の課題を友達同士で解決 ・チャレンジタイム ＊友達と競争しながら記録を計測	・練習タイム ・赤西陸上（記録会）

POINT1
Sさんの涙を無駄にしない

POINT2
3歩のリズムでリズミカル！

POINT3
「より速く」をめざして

POINT4
あなたは1人じゃない〜トリオで課題解決〜

1 こんな授業をめざしたい！

　私が在籍する区では，区内の6年生が競い合う連合陸上記録会（赤西陸上）があります。子どもたちに「活躍したい」「記録を出したい」という気持ちをもってもらいたいという願いを一番にして単元を組み立てました。そのためには技能が大切です。そこで，子どもたちが技術分析できるように，6つのポイント（右図）と，それを解決するための手立てを豊富に用意しました。技能がどんどん高まり，多くの子どもがリズミカルにハードルを走り越す様子をイメージして単元計画を作成しました。

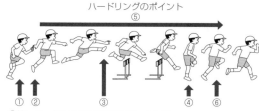

ハードリングのポイント
⑤

①第一ハードルまで同じ歩数で走っている
②遠くから踏み切っている
③振り上げ足の裏が見えている・抜き足は横でかかととがおしりについている
④ハードルの近くに着地している（着地したとき，素早く次の足を出している）
⑤走り越す瞬間・走り越しているとき・着地したときの頭の位置が変わらない
⑥トン・1・2・3のリズムで跳び越している（まずはこれ！）

子どもに提示しようとした6つのポイント

2 なぜ改善したの？

　技能の高まりを実感してもらいたいとたくさんの手立てを用意し，第1時を迎えました。その第1時で，私は激しく後悔をしました。前年度の担任から話を聞き，体育の学びの積み重ねがあまりなく，運動が得意な子どもだけが活躍していたクラスであったということを把握していたので，「考えられるだけ多くの手立てを打てば，きっと技術を高めたり，考えを深め合ったりできるであろう」と甘く考えていたのです。しかし，第1時の「はじめの記録」を計る寸前に，1人の子どもが泣き出してしまいました。「初めてハードルを跳ぶし，運動も，走るのも苦手だからやりたくない」と言うのです。子どもの実態把握が甘く，これまでの経験を過信した計画だったことに気づきました。すぐに子どもにアンケートを取り，みんながハードル走に対して考えていることを確認しました。その上で，担任の願いや重要な6つのポイントを確認し，クラス全体で学習内容を共有しました。

3 改善の視点がわかる！単元づくりのポイント

POINT1　Sさんの涙を無駄にしない

　ハードル走に苦手な気持ちをもっている子たちを何とかしたいと考え，学習の進め方を確認した後，今の自分はどのくらいハードルを走り越せるのか，自分の力を把握することから活動を始めることにしました。最初にタイムを計ることで，今後の自分がめざすべき記録の目安を設定しました。加えて，はじめてのハードル走なので，一般的なサイズのハードルを使用するのではなく，小型ハードルを使うことで恐怖心をもつ子どもに配慮しました。

POINT2 　3歩のリズムでリズミカル！

　用意していた6つのポイントを提示することは，子どもたちを混乱させることにつながると考え，子どもたちに提示するポイントを「自分に合った踏み切り足をきめる」「トン・1・2・3のリズムで走り越す」「体を低くして走り越す」の3つに精選しました。まずは，子どもたちに「ハードルを走り越すことに慣れる」「3歩のリズムを意識することでリズミカルに走り越す心地よさを味わう」というねらいのもと，低いハードルでハードルを走り越すことに抵抗なく取り組めることをめざしました。

POINT3 　「より速く」をめざして

　低いハードルで「ハードルを走り越す楽しさ」を十分に味わえるようにした上で，子どもたちが記録の向上をめざせるように，「さらに速く走り越すためにはどうするか」について考える時間を設けました。そうすることで，最初に提示したポイント以外にもいくつかポイントがあることに子どもたちが気づいていきました。

POINT4 　あなたは1人じゃない〜トリオで課題解決〜

　ハードル走は，自分の動きを客観的に見ることができません。そこで，自信をもったりお互いの課題を見つけたりするために3人組になり，お互いを見合うことで，1人では気づくことができない課題を捉えやすくしました。ハードル走が得意な子もそうでない子も，お互いに課題を意識して，協力して課題解決する姿が見られるようになりました。また，自分を見てくれる友達がいるという安心感からか，ハードルをリズミカルに走り越す子どもも増えました。

4 　改善の具体がわかる！授業づくりのアドバイス

❶ 子どもたちの声から授業を立て直す

　ハードル走を経験したことのない子どもが多くいたにもかかわらず，担任の願いを中心に授業を組み立てたことで，授業の初めに泣いてしまう子が出たり，「ハードル走」に取り組む前から不安な気持ちをもってしまう子が出たりしてしまいました。

　そこで，ハードルの学習でめざしたい姿や不安に思うことなどについて，アンケートを実施し，子どもたちの声を聞いた上で単元計画を練り直しました。子どもたちが一番に感じていたのは，「怖い」という気持ちでした。そこで，子どもの恐怖心を軽減するために高さの低い小型ハードルを最初に使うことにしました。

　また，3歩のリズムで走り越す経験を単元前半に多く積んだことで，「もっと速く走り越したい」「普通の高さのハードルで走り越したい」という声があがりました。そこで単元後半は，トリオで速く走り越すための方法を発見したり，課題解決したりできるように工夫しました。

❷ 「見える化」で あの子も 私も学び合い

　子どもの技能向上をめざして，大事だと思うポイントをできるだけ細かく用意しました。またそのポイントを達成するために１つのポイントに１つの手立てを用意しました。

　しかし，そのことが裏目に出てしまいました。ポイントを提示した時点で「多すぎてどれに気をつけたらいいのかわからない」という声が多くあがりました。このままでは，子どもたちには，使いこなすことができないと感じました。運動が得意な子どもだけが活躍していた実態も鑑み，「ポイントと手立ての精選」と「コミュニケーションの充実」が重要だと考えました。

　そこで，思いきって最初に用意したポイントを半分にしました。さらに，それに即した手立てとして，走り越したときの頭の高さがわかる「窓」，踏み切り・着地位置がわかる「紅白玉」など視覚的にわかる教具を用意し，自分や仲間の動きを見やすくしました。それは，運動が得意な子どもだけでなく，運動が苦手な子どもも一緒に話し合うことができるように，「見える化＝目に見えるものを提示すること」が大切だと考えたからです。

線で頭の高さを測る「窓」

離れた位置で測定

5　子どもがこう変わった！

　これまで述べてきたように，私は「子どもの事実に合わせた単元計画の修正」「ポイントや手立ての精選」「コミュニケーションの充実」を意識するとともに技能の保障もしてあげたいと考えました。紹介した手立ての他にも，１人ひとりの個々の子どもに合わせた，ハードルの高さやインターバルを用意しました。また，ICT機器を自由に使える環境づくりをしたり，目安となる記録を用意したりすることで，自分の記録の伸びも実感できるようにしました。

　その結果，小型ハードルでさえ走り越すことに抵抗を感じていた子どもや，詰まった走りになっていた子どもからも，「記録が伸びた」「最初よりリズミカルにハードルを越えられた」といった成長の手応えが語られるようになりました。また，「窓」や「紅白玉」などの「見える化」により，トリオグループでも積極的にアドバイスし合う姿が見られるようになりました。これまでのように運動が得意な子どもだけが活躍する姿は，そこにはもう見られませんでした。

　「まだ体育は好きではないけれど，ハードルは好きになった」何よりもうれしかったのは，最初に涙した子どもが最後の記録会で言ってくれたこの言葉でした。改めて授業とは，子どもと教師によってともにつくられていくものであると学びました。

（藤倉　基裕）

13 学びのオールインクルーシブ 子どもと教師がつくる海賊宝取り

領域：ゲーム（鬼遊び）

学年：1年　　時間：全8時間

Before & After

Before 想定していた授業

時	1	2	3・4	5・6
ねらい	宝取り鬼・学習の進め方について知る	試しのゲームを基に，ルールを工夫する	かわし方や捕まえ方を工夫する	チームで工夫して，攻めたり守ったりする
主な学習活動	・はじめのルールの確認 ・チーム分け ・学習の進め方の確認 ・試しのゲーム	・試しのゲームの振り返りの整理 ・ルールの追加・修正	・動き方の確認 ・ゲーム① ・動き方の共有 ・ゲーム② ・振り返り	・チームミーティング ・ゲーム① ・チームミーティング ・ゲーム② ・振り返り

After 実際の授業

時	1	2	3・4	5〜7	8
ねらい	学びのイメージを広げ，共有する	宝取り鬼・学習の進め方について知る	試しのゲームを基に，自分たちのゲームをつくる	個人やチームでかわし方や捕まえ方を工夫する	海賊宝とり大会をたのしむ
主な学習活動	・読み聞かせ ・海賊宝取りのイメージ ○思考 ○共有 ・学びのデザイン ○遊び方 ○見通し ○振り返り	・学習の進め方の確認 ・簡易的なゲーム ○タグ取り鬼 ○すり抜け鬼 ・試しのゲーム ・チームづくり	・試しのゲームの振り返りの整理 ・ルールの追加・修正 ・ルールの試行・確定	・動き方の確認 ・ゲーム① ・動き方の共有 ・ゲーム② ・振り返り ※確認や共有は，クラス全体かチームごと	・チームミーティング ・ゲーム ※ペアチームの合計点で競う ・振り返り ○本時 ○単元全体

POINT1
何を競い合うゲームなのか，どのように競い合うのか，学びのイメージや見通しをもてるようにする

POINT2
ルールの追加・修正案を試行し，合意形成する

POINT3
攻防の均衡の中，よりよい動き方を協働的に追究する

1 こんな授業をめざしたい！

本単元において，子どもたちが「鬼遊び」を存分にたのしむ中で仲間とともにゲームを発展させ，技術・戦術を発見・追究できるような学びを構築することを企図しました。子どもたちの「捕まりたくない！」「捕まえたい！」という願いは，「どうすれば，捕まらないのだろう？」「どうやって，捕まえればよいのだろう？」という問いにつながります。そして，個人やチームまたはクラスのみんなで考えて試すことによって，それらの問いを解決することができるのです。また，動き方を学習することによって攻守の均衡が崩されると，さらによい攻め方や守り方を見つける必要性から，新たな問いが生み出されます。そのような連続性において，子どもたちの学びが広がり深まっていくことを心がけています。

2 なぜ改善したの？

子どもたちが鬼遊びに没頭し，学びを発展していけるようにするにはどうすればよいのかを考えました。そのようなとき，本校司書教諭が1冊の本『海賊モーガンはぼくの友だち』（那須正幹作，関屋敏隆絵，ポプラ社，1993）を紹介してくれたのです。早速読み聞かせてみると，「みんなで海賊ごっこをやりたい！」という子どもたちの願いや求めが表出されました。

そして，いろいろな考えが出される中，1人の子が「守る人をよけて，宝を取る」というアイデアを実演により紹介しました。これには，一同「海賊の戦いみたいだ！」と大盛り上がり。そこで，私から「タグ取り鬼（制限された空間と時間において相手のタグを取る）」と「すり抜け鬼（鬼が動けるゾーンを設定し，タグを取られないように鬼をかわしてすり抜ける）」を紹介しました。みんなで遊ぶ中で，「宝を置いて，それをとって運びたい」というアイデアがあがったので，試すこととなりました。

このように，教師が明確な意図と見通しをもって子どもたちの願いや求め，興味や関心に寄り添うことで，新たな目標や内容，方法が確立され改善へとつながりました。

3 改善の視点がわかる！単元づくりのポイント

POINT1 何を競い合うゲームなのか，どのように競い合うのか，学びのイメージや見通しをもてるようにする

子どもたちが学びに向かうためには，「どのようなゲームなのか」「何を競い合うのか」といったことをイメージできることが大切です。また，そのイメージを共有し，ゲームやプレーの発展の見通しをもてるようにすることも必要となります。そこで本実践では，絵本の読み聞かせから単元を始めることとしました。

POINT2 ルールの追加・修正案を試行し，合意形成する

　本実践では，簡単なゲームから始め，少しずつ難しくしていくことでよりおもしろいゲームをつくることとしました。「守ることができないからつまらない」「すり抜けるのが簡単すぎる」という子どもたちの不満や飽和を基に，ルールを考えたり試したりして，クラスのみんなにとってのほどよい難しさを検討しました。

POINT3 攻防の均衡の中，よりよい動き方を協働的に追究する

　毎回の授業の終末において，ルール面だけではなく，プレー面についても振り返りを行いました。そのつど，子どもたちからは，成功や失敗を通して実感を伴って得られた気づきが表出されました。私は，子どもたちの考えに寄り添いながら，必要に応じてそれらを価値づけて共有できるようにしました。

4　改善の具体がわかる！授業づくりのアドバイス

❶　遊びの中身を理解する

　鬼遊びのおもしろさである逃げることと捕まえることは，多くの子どもたちがすぐに理解できます。その逃げることと捕まえることに，宝を取ることと守ることという目的を設定すると，位置や方向など少し混乱してしまう子どもたちもいます。そこで，読み聞かせを基にイメージした「海賊宝取り」を鬼遊びに落とし込むことによって，すべての子どもたちがゲームの意味を理解し，プレーすることができました。その理解が支えとなり，ゲームやプレーの発展が実現されたと考えられます。

❷　遊び方を自分たちで発展させていく

　すり抜け鬼を基に，はじめに図（ア）のようなゲームが考えられました。制限時間30秒間で攻め（○）は守り（□）にタグをとられないようにして宝島をめざします。早く到着しても，待ちます。そして30秒たったところで，守りは次の守りエリア（△）に移動します。次の30秒間で，攻めはゴールめがけて宝を運びます。

　このゲームを試してみると，サイドラインを出たか出ていないかでもめることが頻発しました。「横の線をなくしてもいいんじゃない？」「けど，線がないと，遠くに行っちゃうんじゃない？」と，子どもたちはゲームのおもしろさを基に，さまざまに考えました。私は，この時点で子どもたちが宝を取って運ぶことをしっかりと理解していると捉えていたので，サイドラインがなくてもその目的に迫る動きから逸脱してしまうことはないと考えていました。そして，サイドラインのないコートで試してみることとしました。

　すると，「動きやすかったから，宝を運べた」「いろいろな所に動かれて，守るのが難しかっ

た」という，攻防互いの立場からの意見があがりました。そして，これまで同様，みんなにとってのほどよい難しさを探るために考え合い，「船と島の間を長くする」「船と島の幅を狭くする」ことが提案され，また「宝」に関しても「取って自分の船に戻ってくるようにしよう」と絵本のストーリーにもつながるアイデアが出されました。そして，図（イ）のルールが最終的に合意形成され，「海賊宝取り」がつくり上げられました。

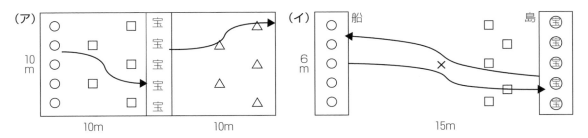

❸ 子どもたちの段階的戦術認識への寄り添いと問いかけ

　１段階目は，無意図的な戦術認識です。このような場合，「宝を取ることができた！」という子どもの喜びをおおいに受容した上で，そのときの状況を問いかけてみました。そうすることによって，守りの様子を把握することができるので，それを図示したり何人かの子どもたちに手伝ってもらって再現したりして，宝を取れたときの仲間や相手の動きを確認しました。

　２段階目は，意図的な個人戦術認識です。このような場合，その子のスペースへの気づきを十分に認めることにより，みんながスペースの意味を理解できるようにしました。その上で，一段階目と同様に仲間の動きと相手の守りの状況を関連させて確認し，どうしてスペースができていたのかを考えられるようにしました。

　３段階目は，意図的な集団戦術認識です。このような場合，作戦の成功だけでなく失敗にも目を向けられるように，その子やチームの子たちの話を聞いたり，実際の動きを見たりして，どうしてうまくいかなかったのか問いかけ，思考の深まりを促すようにしました。すると，自分やチームの課題に気づき，解決へとつなげることができました。

5　子どもがこう変わった！

　１冊の絵本から展開された学び。子どもたちは，自己も他者も宝取り鬼のおもしろさを味わうことができる遊びをクラスのみんなで創造しました。その遊びに没頭する中で，動き方を考え試し，失敗と成功を繰り返し，身につけることができました。また，チームの旗が掲げられたり，劇中歌もつくられ朝の会や帰りの会で歌われたり，それに合わせてゲーム開始前に準備運動をしたりするなど，クラスが海賊一色となりました。

（長坂　祐哉）

14 「○○したい！」を生かす，引き出す シュートゲーム

領域：ゲーム（ボールゲーム）
学年：1年　　時間：全8時間

Before & After

Before 想定していた授業

時	1	2	3・4	5・6
ねらい	的当てゲームのルールや学習の仕方を知る	試しのゲームを基に，ゲームのルールがわかる	ゲームを理解し，ボールの投げ方や攻め方を個人で工夫する	チームで工夫して，より多くの的を倒して得点を競い合う
主な学習活動	・学習の進め方の確認 ・チーム分け ・ルールの確認 ・試しのゲーム	・学習の進め方・ルールの振り返り ・試しのゲーム ・的をねらって思いっきりボールを投げる	・ゲーム① ・いろいろな投げ方で的を倒す ・いろいろな投げ方を全体で共有する ・ゲーム②	・前時までの学習内容を基にチームで作戦を考える ・ゲーム① ・工夫したところを共有する ・ゲーム② ・振り返り・まとめ

After 実際の授業

時	1	2	3・4	5〜7	8
ねらい	的当てシュートゲームのルールや学習の進め方を知る	試しのゲームを基に，ゲームのルールがわかる	試しのゲームを基に，自分たちのゲームをつくる	個人やチームで攻め方を工夫して，より多くの得点を競い合う	的当てシュートゲーム大会をしよう！
主な学習活動	・学習の進め方の確認 ・チーム分け ※バディチームもつくる ・ルールの確認 ・試しのゲーム	・学習の進め方・ルールの振り返り ・試しのゲーム ・的をねらって思いっきりボールを投げる	・試しのゲームの振り返りの整理 ・ルールの追加・修正 ・ルールの試行・確定	・ゲームの確認 ・ゲーム① ・攻め方を全体共有する ・ゲーム② ・振り返り	・大会の準備 ・ゲーム大会 ※バディーチームの合計点で競う ・単元全体を通しての振り返り

> **POINT1**
> 1人ひとりがボールを投げる楽しさも十分味わう

> **POINT2**
> ルールの追加・修正をクラス全体で行い試行する

> **POINT3**
> 大会に必要な道具や応援の旗等も作成してみる

図

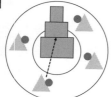

【はじめのゲーム】
・4人1チーム
・ボールは1人1個
・二重円の内円に入ってはいけない
・2分間で（チームで）どれだけ的を倒せたかを競い合う

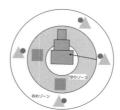

【新しいゲーム】
・4人1チーム
・ボールは1人1個
・4対2の攻防のあるゲーム
・守りは守りゾーンから出ない
・攻めは攻めゾーンから出ない
・2分間で（チームで）どれだけ的を倒せたかを競い合う

1 　こんな授業をめざしたい！

　本単元は，１年生で実施した的当てシュートゲームの実践です。ボールゲームに初めて出会う１年生の子どもたちには，ボールを投げたり転がしたりする遊びや発展したゲームの中で，まずは個人個人がそのおもしろさに触れ，楽しむことを目標としていました。ゲームの内容も，円の中心に段ボールの的を設置し，１人１個のボールで的を倒すというシンプルなゲームです。的となるダンボールは，大・中・小の大きさを用意しました。また，おもりを入れたことで，簡単には的を倒すことができないため，全員で同じ方向から一斉にボールを当てるという投げ方の工夫が，必然的に生まれやすい仕組みをつくっています。子どもたちが，まずは自分で思いっきりボールを投げたり，的に当てたりすることを楽しみながら，自然とチームで協力する場面も生まれてくることを想定していました。

2 　なぜ改善したの？

　実際に子どもたちとゲームを行ってみると，単元の前半（１・２・３時間目）では，ボールが段ボールの的に当たることで，音が鳴ったり，一気に段ボールが崩れたりすることに，おもしろさを感じている様子がみられました。しかし，とてもシンプルなゲーム内容であったこともあり，すぐに飽和状態となりました。小学校１年生という発達段階を踏まえると，ボールを投げる・捕るといったボール操作技能や，いろいろな投げ方や転がし方を試して楽しむということで終始してもよいと思う一方で，ボールゲームは，授業者（教師）と子どもたちの取り組みによって，さまざまな姿に作り替えられていく"開発の余地がある授業"（望月ほか，2012）でもあることからすると，授業の振り返りの中で「もっとゲームを難しくしたい」「邪魔する人も入れてみたい」といった子どもたちの言葉を，ゲームに取り入れ，発展させていくことは，子どもたちの学びをより豊かにするのではないかと考えました。そこで，当初は予定していなかった「もっとみんなで楽しめるゲームにするには，どうすればよいか」という問いを投げ，クラスのみんなにとってのほどよい難しさを検討していくことにしました。

3 　改善の視点がわかる！単元づくりのポイント

POINT1　　１人ひとりがボールを投げる楽しさも十分味わう

　小学校１年生の子どもたちなので，たくさんボールに触れ合うという活動は大切にしたいです。「的にボールを当てよう！」と声をかければ，いろいろな投げ方が出てくるでしょう。上から投げたり下から投げたり，片手や両手など，自分でみつけて何度もチャレンジする時間は十分に確保した上で，次時を迎える。すると，ゲームに合わせて「どうすればねらったところ

に投げられるか」を子どもたちに問えば，「的をよく見る」「上から勢いよく投げる」などのポイントが出てきます。まずはそうした，1人ひとりの試行錯誤の時間をたっぷりと確保したうえで，子どもの実態からゲームをどのように発展させていくかを考えていきました。

POINT2 ルールの追加・修正をクラス全体で行い試行する

　子どもたちの「ゲームを難しくしたい」「邪魔を入れたい」という願いをゲームに取り入れると，守備が入り，ゲームが一気に難しくなります。ゲームを発展させた際，子どもたちに委ねるだけでは難しくなりすぎて，かえって楽しめなくなる可能性もあります。今回のゲームで守備者を入れて学ばせたいことは，ボール保持者（攻撃）と守備者と的との位置関係です。どのような動きをしたときに，的にボールが当てられたのかや，当てやすいと感じたのかなどを，子どもたちと共有する時間を設け，全体で確認していきました。的にボールを当てるだけとは違った「難しさ」が，子どもたちにとって「おもしろさ」として感じられるように声かけをしてきました（p.74図参照）。

POINT3 大会に必要な道具や応援の旗等も作成してみる

　「1年生だから……」と，つい基本的な技能の習得に目を向けてしまいがちですが，むしろ1年生だからこそ，「もっと○○したい！」という関心や意欲をたくさん秘めているのだと思います。子どもたちの「もっと○○したい！」が，教師が想定していたねらいと大きく外れていない場合，その思いに寄り添い，活動を一緒に考えたり，深めたりするようにしました。

　また，「得点板を作ってみたい」「的に絵を描きたい」という子どもの発言も活動に取り入れることにしました。これらは，直接ゲームの知識・技能習得や思考判断には関係しない活動です。しかし，これをチャンスと捉え，「体育」として終わらせるのではなく，体育の授業を中心とした教科横断的な学びのカリキュラムとして位置づけ直すことで，その教材に没頭していく子どもたちの姿がさまざまな場面で見られました。子どもたちの願いや思いに寄り添い，一緒に授業をつくっていく過程は，子どもとともに教師自身も成長させられるのだと思います。

4　改善の具体がわかる！授業づくりのアドバイス

❶　子どもの言葉で動きを共有する

　子どもが見つけたよいと思うボールの投げ方や，ゲームの中での動きは，振り返りの時間で共有します。その際に，教師の言葉で言い換えたりはせず，そのまま子どもたちの言葉で伝え合うほうが，イメージが共有されやすいと感じています。特に低学年の子どもたちは「ビュンと投げるよ」「バーンとぶつける感じ」など，オノマトペや身振り手振りを使った表現をすることが多いのですが，その表現をそのまま共通言語として学級に残すほうが，子どもたちの記憶にも残

るようです。共有した動きがゲームで見られたときには，すぐに肯定的な声かけをするようにしました。また，動画や写真等でよい動きを紹介したときには，共有した言葉でそのよさを説明してくれました。自分たちのプレイを言葉にし，その言葉で考える子どもたちの姿が見られました。

❷ 攻防のバランス

これまで，ただ的を倒せばよかったゲームが発展し，守備者が配置されると，ゲームの難しさが増すのは明確ですが，その際に重要なのは「攻防のバランス」です。今回であれば，4対2と攻撃側に数的優位が保障されたゲームにしました。同じアウトナンバーであっても，4対3の人数では，1年生の子どもたちにとっては「的にボールを当てる」ということまで意識してゲームを行うことができなかったと思います。子どもたちは「目の前に人がいないときにボールを的に当てられるよ！」と言いますが，その状況がつくり出せても，慌ててしまい，的をねらってボールを投げることができない状況になってしまっては，これまでの学びがうまくつながらないと考えました。この攻防のほどよいバランスを，つねに子どもたちの姿から考えるようにしました。

❸ ゲームに必要な教具も作ってみよう

本実践の学級では，絵をかくことが好きな子が多く，造形活動でも，グループで1枚大きな絵を描くなどの活動を行っていました。その経験からか，「ダンボールにも大きな絵を描きたい！」と言う子がおり，守備者をゲームに取り入れることに決めた際に，「それだったら，自分たち（チーム）の的を守るという思いがもっと強くなるから，絵を描いたら？」と，友達の「やってみたい」ことを，自分の考えにつなげて提案してくれた子がいました。この活動は肯定的に受け入れられ，チームごとに，的に大きく絵を描く活動を行いました。他にも，応援用のフラッグを作ったり，得点板を作成したりする活動も行いました。得点板づくりを算数の「10より大きい数」や「たし算」の学習とつなげるなど，他教科との関連や統合を図るようにしました。

5　子どもがこう変わった！

ゲームなので勝敗はつきものです。ただそれ以上に，「みんなが楽しめる」を，体育的な活動はもちろん，さまざまな活動を通して実現していく姿がみられました。子どもたちの願いや思いを少しずつでもくみ取り，実現させることで，子どもたち自身も，「自分たちの学びを進めているのは，自分たちなんだ」と実感することができたのではないかと思います。

【文献】 望月正・神谷紀行・黒柳哲也・赤田信一（2012）「小学校体育科：『的当てシュートゲーム』の授業における子どもたちが織り成す豊かな動きと学び」『静岡大学教育実践総合センター紀要』第20巻，pp.315-324

（庄司　佳世）

15 子どもの姿に教師が「学ぶ」 シュートボール

領域：ゲーム（ボールゲーム）
学年：2年　　時間：全8時間

Before 想定していた授業

時	1	2〜4	5〜7
ねらい	はじめのルールを知り，まと当てゲームを行う	守りをつけた上で，どのようなルールにするか考え，ゲームを行う	チーム全体で守りをかわすためにはどうすればいいかを考える
主な学習活動	・チーム分け ・はじめのルールの確認 ・試しのゲーム	・前時の振り返り ・ゲーム① ・振り返り（ルールについての困り感の共有，確認） ・ゲーム② ・まとめ（次時に向けた整理）	・前時の振り返り ・ゲーム① ・どうすれば相手をかわしてシュートできるか考える ・ゲーム② ・まとめ

After 実際の授業

時	1	2	3	4〜6	7・8
ねらい	はじめのルールを知り，まと当てゲームを行う	的の数を増やしたり，置き方を工夫したりしながらゲームを行う	守りをつける上での，ルールを考える	試しのゲームを基に，自分たちのシュートボールをつくる	どうすれば相手をかわしてシュートすることができるか考える
主な学習活動	・チーム分け ・はじめのルールの確認 ・試しのゲーム	・前時の振り返り ・ゲーム①（5対5） ・作戦タイム ・ゲーム② ・まとめ	・これまでの感想を整理する ・守りをつけたゲームの試しルールを考える	・ルールの確認 ・ゲーム① ・振り返り ・ゲーム② ・まとめ ・必要に応じてルール変更の話し合い	・前時の振り返り ・ゲーム① ・動き方の共有 ・ゲーム② ・ゲーム③ ・まとめ

POINT1
全員がシュートのおもしろさを味わう

POINT2
ルールの追加・修正をクラス全員で行う

POINT3
意図的なプレイを積極的に取り上げ，価値づけていく

1 こんな授業をめざしたい！

子どもの言葉や願いを基にゲームを発展させていき，全員がシュートのおもしろさを味わうとともに，仲間と競い合うことを志向した単元です。1人1個ボールを持った「まと当てゲーム」で，的にボールを当てるおもしろさを十分に味わったうえで，その先に子どもたちの発想をもとにしたシュートボールの様相になることを想定していました。

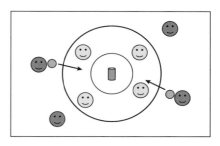

図1 シュートボールの様相について

2 なぜ改善したの？

単元当初の私は「ルールについて修正しながら，それに付随して戦術行動が発生し，それに関する気づきへと発展していく」と想定していました。しかし，ボールゲームの「戦術」は，そのゲームの構造（ルール）に依存するため，ルールの発展のみで戦術的気づきを引き出すことは難しく，攻防いずれかに着目させた戦術認識を学習内容にする必要があることに自ら気づかされました。つまり「子どもとともにつくる中身」と「教師が捉える学習内容」をすみ分けることが，子どもたちの変容へとつながったのだと感じています。

3 改善の視点がわかる！単元づくりのポイント

POINT1 全員がシュートのおもしろさを味わう

まず第1時では，全員がシュートの機会を保てるように，1人1個ボールを持ち，1重の円の外から3つの的にボールを投げ当て「全部の的を早く倒したチームが勝ち」というルールを提示しました。

POINT2 ルールの追加・修正をクラス全員で行う

子どもたちの言葉や想いに全員が耳を傾けながら，「もっとおもしろいゲームにするにはどうしたらよいか」という視点で，そのつどルールを追加・修正していきました。ルールをつくる過程で「全員にとって楽しめるゲーム」とは何かについても全員で話し合っていきました。

POINT3 意図的なプレイを積極的に取り上げ，価値づけていく

単元後半では，ボール保持者の前に立ち，ボールを投げさせないようにしている守備の子や，ボールを持っていないフリーな子へパスをする子を取り上げ，モデル学習を行いました。する

と，ゲームに勢いが生まれ，多くのシュートチャンスが作り出されました。

4　改善の具体がわかる！授業づくりのアドバイス

❶　子どもたちの実態と教師の願いから教材を選ぶ

　授業を構想するにあたって，子どもたちに特徴的な実態がありました。それは「ボールを使って遊べるのは決まってあの子たちだけ」といった固定化された遊びの様相でした。ある運動種目に参加できるのは特定の子どもだけで，ドキドキ，ハラハラといったスポーツのおもしろさに触れられない子どもたちが多くいるのだろうと感じていました。加えて，優勝劣敗的な思想も強く，否定的な発言や態度が表立っている状況がありました。

　そのような実態から，まずは１人ひとりが運動・スポーツに「参加できる」という実感を味わわせたいと思いました。そして１人ひとりに課題を解決していくことのおもしろさを味わわせた先に，集団としても，自らが他者とともに課題を解決できる喜びを感じてほしいと願いました。

　そこで，本単元では「シュートボール」を教材として選定しました。シュートボールは360度のシュートエリアが存在することから，ゴールとなる的を，どこからでもねらうことができ，多くの子にとってシュートのチャンスが生まれます。さらに，攻防の質が高まることによって，意図的なパスなどのコンビプレイが生まれ，他者と協働することの喜びを感じることもでき，クラスが一歩成長するきっかけとなる教材になるのではないかと考えました。

❷　子どもの発想を生かしたルールの発展と戦術学習

　この単元では，子どもたちの「もっとこうしたい！」という声をもとに，ルールを追加・修正し，全員が攻防のおもしろさを味わうことができるシュートボールをめざしていました。

　第１，２時と，的にボールを投げ当てる喜びを存分に味わい，楽しさが飽和したところで，１人の子が書いた「守りをつけたゲームにしたい」という感想を取り上げ，子どもたちに提案しました。一度教室で最低限のルールを決め，試しのゲームとして行ってみることになりました。

　ボールゲームにおけるルールを考える際には，攻防のバランスが重要な視点となります。本実践でもその視点を軸に子どもたちとルールを発展させていこうと考えていました。しかし，低学年の子どもたちはその状況を純粋無垢に楽しもうとしますし，彼らだけで攻防の視点（人数やボールの数など）に気づくことは難しく，攻撃はただひたすらに的に当てることに必死で，守りはほぼ的に張り付いて棒立ちになってしまうという様相が見られました。

　ここまで，ゲームを発展させていけば自然と子どもたちは戦術を生み出していくという想定のもと，戦術にかかわる内容を意図的に扱いませんでした。しかし，ルールの発展のみで子どもたちが自然に戦術的気づきを引き出すことはできませんでした。個人での課題解決から他者

とともに競い合うためには，攻防いずれかに着目させた戦術認識を学習内容にする必要があることに私自身が気づかされました。

❸　守りを打開するための戦術的気づき

　子どもたちの様子から，「どうしたら相手をかわして投げられるか」といった課題意識が必要だと考えた単元後半。まずは守備側に着目し，ボール保持者に近づくことで「そもそも投げられない」状況をつくり出すことを意図して，うまくいっているグループをモデルに広めていきました。すると，攻撃側も「相手をかわさないと投げられない」状況となり，「どうすればシュートチャンスをつくれるか」がクラス全体としての共通課題となりました。そこで初めて非ボール保持者の重要性が浮き彫りになり，「相手をかわせない！」となっている守備者を前にしたボール保持者の目が，チームメイトにむくようになってきました。そして，フリーでシュートを打つための意図的なパスプレイが随所で見られるようになったのです。加えて今まで動きが少なかったボールを持っていない子たちも「どこに動けばボールをもらえるのか」といったことを考え始め，ゲーム全体が活発なものへと変わっていきました。授業後の振り返りには「投げられないと思ったときに味方にパスをすることができた」「相手がいない場所へ動くことができた」などの記述がみられ，思考の変容も見受けられました。

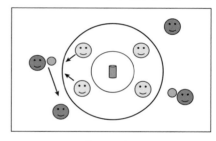

図2　戦術的気づきについて

5　子どもがこう変わった！

　今回の実践において，ある子どもに注目していました。その子はこれまでの生活でなかなか自分の想いを他者に伝えることができず，情緒的に不安定になってしまうことがあり，今回の単元でどのように活動に参加していくかを丁寧にみることにしていました。はじめのまと当てゲームでは，自分もボールを持っての参加だったので，的に当てることのおもしろさを感じている様子でした。シュートボールになると，飛び交うボールの中で自分が何をしてよいのか，当初は困惑している様子が見られました。しかし，戦術についての認識学習を進めていくなかで，特に動きがわかりやすい守備時に少しずつ意図的な動きがみられるようになりました。単元後半では友達からパスを受けシュートする場面もみることができました。その子が自分の動きに自信をつけたこともちろんありましたが，チームメイトのその子に対する声かけやレクチャーがとても温かく，その子が安心してプレイできる環境をつくり出そうとしていることが感じ取れました。子どもたちにとって，このゲームが他者とともに課題を解決することのよさを感じるきっかけとなったのではないかと思っています。

（原田　雄太）

16 聴いて，伝えて，認め合って 学年を超えてつながるキャッチバレー

領域：ゲーム・ボール運動（ネット型）
学年：3・5年　　時間：全8時間

Before & After

Before 想定していた授業

時	1	2・3	4	5〜7
ねらい	・3，5年生がともに楽しめるゲームをつくる	・ゲームのルールや規則を固める ・点を取るために必要な技術と戦術を知る	・どのように学習を進めていくか決める	・落とす，落とさせないための作戦を立てたり，練習をしたりする
主な学習活動	・オリエンテーション ・ゲーム ・振り返り	・ゲーム ・チームの時間 ・振り返り	・今までの学習の振り返りと残り3時間の学習計画を立てる	・ゲーム ・チームの時間 ・振り返り

After 実際の授業

時	1	2・3	4	5・6	7・8
ねらい	ゲームの行い方を知り，3・5年生がともに楽しめるようにする	2人目が前に動き3人目が打って落とせるように攻め方を考える	互いの思いや考えを交流し，学習の内容や計画を検討する	全員がよりおもしろいと感じられるゲームや学習をつくっていく	全員の思いがのせられるゲームや学習をつくる
主な学習活動	・体育で大切にしたいことについて考える ・ゲームのやり方を知る ・得点を取るために必要なことを確認する ・試しのゲーム ・チームの時間 ・全体で個人の思いや考えの交流	・前時の振り返り ・ゲーム ・チームの時間 ・振り返り	・振り返り ・全体でやりたいこと，学習の進め方の確認	・本時でやることと，その意味や基になった考えの確認 ・作戦の確認 ・ゲーム ・チームの時間 ・振り返り ・体育で大切にしたいことについて個人でまとめる（8時のみ）	

POINT1
体育で大切にしたいことは？

POINT2
どうやったら得点が入る？

POINT3
みんなが楽しくゲームをするには？

1 こんな授業をめざしたい！

　キャッチバレーボールは，相手に邪魔をされないコート内での連携に独自性があります。両学年ともに勝敗にこだわりすぎる傾向があったため連携を軸に学習を進め，さらに3・5年生混合のチームとして行いました。同学年だけのときよりも思い・考えの違い，技術・戦術の認識の違いが顕在化してより連携型の学習が深まり，子どもたちが自分たちにとっての体育と向き合うことにも期待をしていました。そのため細かい内容は示さず，大きなめあてを「3，5年生がともに楽しめるゲームをつくる」とし，子どもの思いや考えに基づいて学習を進めました。

キャッチバレーボールの概要と当初のルール
　①バトミントンコート使用　　　②1チーム6〜7人　③3対3（異学年が同時に出る）
　④1得点ごとにローテーション　⑤10点マッチ（10分経過した時点で終了）
　⑥3球で相手コートに返球　　　⑦3人目以外はキャッチあり

---

2 なぜ改善したの？

　本実践の前に，3年生はキャッチバレー，5年生はワンバウンドバレーの学習をしていました。そのため，本実践1時間目の既習事項の確認で，一定程度理解度をそろえることができました。そのため2時間目以降は得点を取るためにどのように連携するのかということが学習の中心となっていきました。しかしながら単元開始直後は3年生への遠慮からか，5年生が自己の主張を抑えているような部分も見られました。これまで勝負にこだわり殺伐とした雰囲気になっていた5年生の新しい一面の発見にはなりましたが，5年生の遠慮が伝染し3年生の意見の言いにくさにもつながっていました。前述のように私は「相手に邪魔をされない状況下でのコート内での連携」に独自性があり，それを夢中になって学ぶことで他者の思いや考えに触れられると考えていました。より本音の部分を引き出したいと考えていたこともあり，「ともに楽しめるゲームをつくる」ということを意図的に振り返られるように学習を進めました。

---

3 改善の視点がわかる！単元づくりのポイント

POINT1　体育で大切にしたいことは？

　体育ではともすると「できる」ことや「勝つ」ことに子どもたちの思考や気持ちが傾倒しがちになります。単元前の3・5年生もそうでした。しかしながらそれだけでいいのでしょうか。「体育で大切にしたいこと」について子どもたち自身が問い続け，自分や自分たちの解をもつ

ことが大切なのではないかと考えます。

POINT2　どうやったら得点が入る？

　両学年ともに１度ネット型の授業を行っていたため，「空いているところをねらう」「打つ人がよい体勢で打つために２人目は前に行く」は共通の既習事項でした。そのためにチームでどのように連携をするのかということが大切になってきます。

POINT3　みんなが楽しくゲームをするには？

　連携してプレーすることに夢中になりながら全員で楽しく学習することをめざしました。このような学習を行うためには，異なる学年はもちろん自分とは違う他者の思いや考えに触れてそれぞれの違いを知り，受け止めることが必要です。またそれと同時に自己の考えをもち主張できることも大切になります。その上で全員が学習内容に夢中になりながら楽しくできる学習をつくっていく過程にこそ学びがあるのです。

4　改善の具体がわかる！授業づくりのアドバイス

❶　体育で大切にしたいことは１つではない

　過去の授業では「勝てないとつまらない」「勝ちたいから〇〇と同じチームがいい」という考えの子どもが多く，白熱する様子が見られる一方で運動が得意な子どもに対してそうでない子が萎縮し意見を言いにくい雰囲気がありました。そこで単元開始前に「体育で大切にしたいこと」を記述させ，１時間目の最初にそれを紹介し共有する時間を設けました。全員が勝つことを目標にしているわけではないこと，不安な友達もいるということ等，自己とは異なる考えがあることをスタート前に知ることができました。この際に大切にしたいことは「勝ちにこだわりすぎないように」などと教師の考えを押しつけないことです。あくまでも共有，どのような解を見出していくのかは集団や個々に委ねることが重要になります。

❷　異学年だからこそ考えやすい，体育で感じる「楽しさ」は人によって違う！

　教師は意見を言い合うような場面を想定していました。しかし自己主張せず，互いの出方を探りながら学習を進めている様子が見られました。時間や慣れの問題かと思い見守っていましたが，３時間目も同様の姿がありました。私は３年生には５年生とやることで技術・戦術をより理解することや体育の捉え方の広がりを，５年生には技術・戦術を３年生と共有する過程で深い認識学習をすることや，違いに必然的に目が向くことを考えていました。しかし言語化し共有する機会がなくては，思いや考え，認識の違いを顕在化することができません。そこで，４時間目の振り返りの際に，「どちらの学年も大切だから，互いに思ったことは言葉にしてよい

のではないか」と伝えると，その後チームメイトへ意見を要求する姿が見られました。教師としてはまず伝えようとしている姿を価値づけ，言葉が足りない部分や話の方向性を定めた方がよいと考える場面では示唆するような言葉をかけるように心がけていました。その結果，学年を超えて友達の要求の裏にある思いや考えも理解しようとする子どもが増えてきました。「もっとできるようになりたい」「勝ちたい」「全員ができることで楽しくやりたい」など体育への価値観が異なること，苦手であることに引け目を感じる友達がいることなどにも気づくことができました。相手の思いや考えを理解させようと指導するのではなく，まずは全員が大切であるので自分の思いや考えを発信しようと促したことで，違いに目を向け他者を理解しようとする姿勢やその大切さが少しずつ子どもに染み込み，体育の価値観の共有や全員で楽しくやろうとする姿に至ったのではないかと考えます。また学年の差として心を配らなければならない相手の存在が，自然に同学年にも同じような眼差しが向けられるようになった要因であるとも考えられます。

❸　得点を取るには連携と共有！

　「空いているところをねらう」「打つ人がよい体勢で打つために2人目は前に行く」ということは共有できており，「2人でアタックしよう」「わかっているけど，できないんだよな」など，児童のやりたいことや素直な思いを引き出すことができていました。一方で，個々で考えている状況がありました。そのため，連携して得点した場面の映像を見せてその理由を考える活動を3時間目に入れました。相手に邪魔されない中でボールをつなぐこと，つなぎ方や動き方を全員が共有しておく必要があることを理解し，戦術を話し合う姿を引き出すことができました。さらにそれをチームの時間に組み込むことで，自分たちで学習を形づくっていこうという意欲にもつながりました。4・5時間目からは，「いい体勢で打たせたくないからブロックをしたい」「タイミングがよければツーで返したい」など，やりたい戦術に切実さや必要感をもってゲームに取り組もうとする姿が見られました。また実際に自分たちの意見で学習が進んでいく実感から，「本当にこのルールでよいのか」「できない友達はいないか」などを考える様子もありました。

5　子どもがこう変わった！

　3・5年生ともに「連携」を中心に運動に夢中になる姿が見られました。また夢中にはなっていましたが，過去の単元や単元前のように勝ちにこだわりすぎるような様子や運動が得意な友達に対して萎縮してしまうような様子は見られませんでした。異学年での単元だからこそ同学年だけでやるときよりも構造的・必然的に，異なる体育への価値観を知ろうとし，思いや考えをくみ取ろうとする姿勢になったのだと考えます。「全員で」体育の学習を進めることの大切さや難しさという学びを得ることができた学習であり，体育で大切にしたいことをゆさぶり，さらに教師も子どもの姿から子どもとともに授業をつくる価値を再確認した単元でした。(中倉　駿)

17 みんなが活躍できるゲームをつくろうよ！陣取り型ゲーム

領域：ゲーム（ゴール型）
学年：4年　　時間：全8時間

Before & After

Before 想定していた授業

時	1	2～4	5	6～9
ねらい	全員が参加できるとはどういうことかを考える	ゲームの規則やルールを選んだり，考えたりする	全員が活躍できるという視点で，ゲームの規則やルールを選んだり，考えたりしている	・全員が活躍できているか考える ・空いている場所を見つけることができる
主な学習活動	・14対14のゲーム ・全員が活躍とはどのようなゲームか交流	・めあての確認 ・ゲーム（4対4） ※必要に応じてルールについての話し合い ・振り返り	・前時までの振り返り ・全体で共有 ・規則，ルール，行い方を確認する	・めあての確認 ・ゲーム ※全員が活躍しているか ※空いている場所とはどこか ・振り返り

After 実際の授業

時	1・2	3・4	5	6・7	8
ねらい	全員が参加（活躍）できるゲーム（規則・ルール）を考える	活躍できた場面と活躍の意味を考える	・活躍の意味を共有する ・ゲームの規則，ルールを固める	空いている場所を見つけることができる	1時間目との自分の変化を知る
主な学習活動	・ゲーム14対14 ・規則やルールについて話し合う	・ゲーム①4対4 ・チームの時間 ・ゲーム②4対4 ・振り返り ※4時は3対3	・今までの学習を振り返りチームと学級で思いや考えを伝え合う ・活躍といえるプレーと意味を共有する ※前パスなし提案 ・規則・ルールを確認	・ゲーム①3対3 ・チームの時間 ・ゲーム②3対3 ・振り返り	・最初の14対14のゲームを行う ・最初のゲームとの感じ方やこの学習の感想を交流する

POINT1 規則やルールの意味を捉え直す

POINT2 活躍の定義づけ

POINT3 課題の整理とめあての共有

POINT4 ボールを持たないときの動きの焦点化

1 こんな授業をめざしたい！

「全員が参加できるゲームにする」ということを大きな目標とし，子どもの思い・考えでゲームをつくっていくことで夢中で運動に取り組み，より主体性をもてるようになってほしいと考え行った単元です。「自分たちでゲームをつくる→ゲームへの理解が深まり夢中になる→より主体性をもてるようになる」という仮説となります。

陣取り型ゲームの概要と当初のルール
①14対14　　　②20×40mのコート　　　③ボールをゴールラインまで運ぶと得点
④タッチされたらその場で止まりパス　　　⑤タッチされるまではパスできない

---

2 なぜ改善したの？

当初は「全員が参加できるゲームにする」ことを大きな目標と考えていましたが，１時終了後の振り返りで「参加ではなく活躍がよいのでは」という話になりました。参加よりも難しくなると考えましたが，素直だけれども流されやすい本学級には，スムーズに学習が進むよりも自分事として捉えやすく解決しなくてはならない課題に直面する方がよいと考え参加ではなく活躍とすることとしました。また子どもたちと話し合い，様子を見て活動を継続したり，内容を増減させたりしながら単元を進めることで当初の予定とは異なってくる部分もありました。特に本単元では前パスありで行っていたことでボールを遠くに投げられる一部の子だけの活躍になってしまったことから，単元途中で前パスを禁止にしたことが大きな変化であったと考えます。

3 改善の視点がわかる！単元づくりのポイント

POINT1　規則やルールの意味を捉え直す

ルールを変更し子どもたちがゲームをつくっていくといっても，必要感や困り感が出てこないと「ルールを変えたい」という思いが出てきません。そのためルールがあった方が楽しくゲームができる，ないと困るという経験をすることで，ルールの意味を考えられるようにしました。

POINT2　活躍の定義づけ

全員が活躍するようにしたいという思いはありましたが，そもそも活躍をどのように捉えているのか，どのように活躍したいのか，活躍するにはどうしたらいいのかは学級や子どもたちによって異なります。その部分の共通認識を子どもたちとともにつくるところから始めました。

POINT3　課題の整理とめあての共有

　子どもたちは徐々に思いや考えを語るようになってきましたが，語り始めの言葉は整理されたものはなく，方向づけていくことも子ども同士では難しい部分がありました。指導者は子どもの考えを大切にしつつも論点を整理し共有しながら合意形成を図ることが必要です。

POINT4　ボールを持たないときの動きの焦点化

　ボールを持たないときの動きは，ボール運動系の学習内容の１つになります。しかしながら，どのように動くのか・どこに動くのか・いつ動くのか等，子どもたちにとっては難しい内容であったことから，まずは「場所」に内容を絞って指導をしていきました。

4　改善の具体がわかる！授業づくりのアドバイス

❶　活躍の定義づけ

　１時終了時の「参加」ではなく「活躍」にするという話し合いを経て，３時終了時に，ある子どもが「いる（お客さん）→参加→活躍」という段階があるという発言をしました。「いきなり活躍は難しい子もいる」「活躍できていないとダメみたいになるよりも今自分はどの段階か知っておくとよい」などの意見も出て以降の学習における参加について振り返る１つの指標となりました。また参加レベルについて考える際に「なぜその段階だと思うのか？」という内容を話し合うことで「学級にとっての参加とは？」「私たちにとって活躍するとはどういうことか」など自分たちにとっての意味や具体的な姿を考えながら学習を進めることができました。その中で触球回数が参加したという意識に，得点にかかわるプレーが活躍したという意識にかかわっていることが共通する考えであるとわかりました。そこで６・７時は「得点にかかわるには空いている場所を使う（使わせない）ことが必要」ということが話し合いの中心になっていきました。

❷　ルールの意味を考え，自分たちのゲームに

　４月当初から決まっている活動を言われた通りに行う子どもたちの姿が見られていました。「お利口さん」でよく言えば何事も素直に受け入れるが，課題は自分で一度考えるということだと教師は考えていました。そこで単元前半はあえて，「大人数・大きなコート・曖昧なルール」でゲームを始めました。細かく規定しないことで，「全員がボールを触るために人数を少なくしたい」「タッチができないからコートを小さくしたい」などの発言を引き出し，少しずつ子どもたちの思いや考えを基にゲームを形づくることができました。特に４時に「前パスありではボールを遠くに投げられる子しか活躍できない」「わざとタッチされる子がいる」というゲームの事実に基づいた意見が多くなり，ルールを変更したいという声が多くなりました。

一方で，ボールを遠くに投げられる子には変更したくないという思いも。そこでお互いの主張や活躍の定義と段階を確認し，今の学級の状態には前パスが全員活躍をするという大きな目標にマッチしていないことを共有できました。ただ，子どもからルールの提案は難しいと考え，ラグビーの映像を見せて前にパスできないルールの追加を私が提案しました。イメージができず躊躇する子もいましたが，「とりあえずやってみよう」ということで変更をしました。すべてを子どもの思いや考えを取り入れて進めることは難しいですが，具体的な場面を取り上げながらルールの意味を捉え直し，合意形成をしながら子どもたちとともに学習をつくっていきました。

❸ 相手がいないところに動く！

　子どもたちはチームや個々で作戦を決めていましたが戦術の認識の違いや理解度の違いからボールを持っていないときの動きについて話が噛み合わない状況となっていました。またボールを持っていないときの動きといっても，ボールを持っているときの動きと別々で学習するわけではありません。ボール保持者がゴールラインまで至ることが得点ですので，そことのつながりを子どもたちが理解しなくてはなりません。そこでボールを持っていないときの動きについては「得点を取る→走って陣地を進める→目の前に相手がいないようにする」と逆算をして，場所についての内容に焦点を絞り，実際のゲームの映像やうまくいった場面を再現するなどして共有していきました。また共有後によいプレーを称賛するなどして価値づけ，「わかる」と「できる」をつなげていくことで「そういうことね」「今のだとすぐ取られる」など実感を伴った学びとなりました。最終的には「目の前に相手がいないところにいる」「ボールを持っている子の後ろに構えておく」「１人はボールと反対のサイドにいる」など空いている場所を意図したプレーや，それを事前に作戦として決めておくなどの様子が見られました。それと同時に守備側も，「相手の前に構えておく」「隙間をできるだけつくらない」など攻撃に対して準備をしておくようになっていきました。このようにどうやって陣地を進めるか・進めさせないかに夢中になっている姿がどのゲームでも見られるようになりました。

5　子どもがこう変わった！

　陣地を進めるか，進めさせないかに夢中になりながら運動をする本単元を通して，子どもたちは自分たちで学習をつくり上げていくことを経験し，考えを伝え合うことや自分たちで決めていくことの楽しさや難しさを感じることができました。それは徐々にこちらの指導や支援がなくても主体的に学習を進めていこうとする姿からもわかりました。最終的には「みんなでつくっていく学習の方が楽しい」「全員活躍できると盛り上がる」など，自己，または自己の体育（運動）の捉え方の変化への気づきが多く出るなど，教師が学習を「与える」だけでは得られなかった，自分事としての「学び」が生まれたように感じています。　　　　　　　　　　　（中倉　駿）

18 「戦術」で，つながる・ひろがる・高め合う フラッグフットボール

領域：ゲーム（ゴール型）

学年：4年　時間：全6時間

Before & After

Before 想定していた授業

時	1	2・3	4	5〜7
ねらい	学習の進め方を知る	手渡しパスの技術を身につける	投げパスの技術を身につける	作戦を立ててゲームをする
主な学習活動	・フラッグ取りゲーム ・学習の内容の確認 ＊学習の進め方を知る ・3対2のフラッグフットボール ・3対2のフラッグフットボールの規則を知る ＊試しのゲームに取り組む	・フラッグ取りゲーム ＊手渡しリレー 　左右に分かれ，1分で手渡しの回数を競う ・3対2のフラッグフットボールのルールを確認する ・チームタイム ・3対2のフラッグフットボール（配置固定）	・投げパス練習 ＊サインパスゲーム 　コースを決め，投者と捕者に分かれる ＊3対2パスゲーム 　攻撃3人守備2人で，投げパスをする ・チームタイム ・3対2のフラッグフットボール	・チームタイム ゲーム （3対3のフラッグフットボール） ①ゲーム ②チームタイム ③ゲーム

After 実際の授業

時	1	2	3	4	5・6
ねらい	今，もっている力でゲームを楽しもう	みんなが楽しめる規則を考える	陣地を前に進める方法を考える	ボールを持たないときの動きを考える	作戦を生かしてゲームをする
	フラッグ取りゲーム				
主な学習活動	・学習の内容の確認 ・試しのゲーム（2対2） ・振り返り1	・3対3のゲーム（対抗戦） ＊ゲーム1 ＊振り返り1 ＊ゲーム2		・チームタイム ＊作戦に応じた動きの練習 ・3対3のゲーム（総当たり戦） ＊ゲーム1 ＊振り返り1（3分） ＊ゲーム2	
	振り返り1 ＊規則で困ったことはないか ＊どのように変えたいか		・振り返り1 ＊ボールをできるだけ前に進めるにはどうしたらよいか ・振り返り2	・振り返り2	
	・振り返り2				

POINT1　まずはやってみよう！

POINT2　学習内容を見える化する

POINT3　チーム，作戦のブラッシュアップ

1　こんな授業をめざしたい！

　４年生という発達段階もあり，日頃からもめごとが多いクラスでした。また，体育ではチームでというよりは，できる子だけがゲームを進めるという個人でゲームを行う子どもが多いという実態がありました。だからこそ，ボール操作の技能を向上させるとともに，簡単な作戦をチームで考え，チームで協力してゲームを行い，友達と力を合わせる楽しさ，素晴らしさを感じてほしいと思いました。そこで，ボール操作の技能が容易で，ボールを持たないときの動き＆簡単な戦術を学びやすい「フラッグフットボール」を選び，各チームで協力して力を合わせ，勝利をめざす授業をイメージしていました。

2　なぜ改善したの？

　当初，私は作戦の充実をねらい，手渡しパス，投げパスといった「パス」に特化した授業を想定していました。ところが，最初に子どもたちにフラッグフットボールの規則を伝えたときに「わからない」「難しい」という声が多く聞かれました。陣取り型のゲームが初めてということもあったと思います。そこで，できるかぎり初めの規則をシンプルなものにした方がよいのではないかと考えました。陣地を進めていくというフラッグフットボールのゲームの特性についても，子どもたちともう一度考えました。また，技能の面でも投げパスは，子どもたちの実態とは合わないと判断して，初めの規則から投げパスを削除しました。

初めの規則
・３対３コート
・攻撃終了
　ボールを持っている人が
　①フラッグを取られる
　②ボールを落とす
　③サイドラインを出る
　④３点ゾーンまで進入成功
・１回の攻めで３回攻撃できる
・パスは手渡しのみ
・スタートゾーンに守りは入れない
・チームの得点は，最後にいたゾーンの得点（ペアチームの合計得点）
・守備は，フラッグをとったら「フラッグ！」と言い，その場で止まる
※ペアチーム→１つのチームをさらに２つに分け，２チームで協力するシステム

3 改善の視点がわかる！単元づくりのポイント

POINT1 まずはやってみよう！

　子どもたちはどんな運動種目でも，プレーする何らかの能力や技能をすでにもっていて，学習のはじめからこれらを発揮して楽しめればさらにその種目が好きになるはずです。フラッグフットボールの練習をしてからゲームするのではなく，今，もっている力でゲームを楽しみ，フラッグフットボールというものに慣れてほしいと考えました。

POINT2 学習内容を見える化する

　フラッグフットボールの特性である「陣地を前に進めていく」ということを改めて子どもたちと考えました。いかにボールを前に進めていくかがポイントになると多くの子が気づきました。そこで，自分の陣地の象徴であるボールを確実に前に進めるにはどうしたらよいのかチームで話し合いました。

POINT3 チーム，作戦のブラッシュアップ

　それまで自分たちが築き上げてきた動きや作戦をしっかりと共通理解することはもちろん，より洗練されたものになるように第5時間目，第6時間目でさらにチームで協力したり，コミュニケーションを図ったりすることが勝利につながります。さらには，今回のゲームはペアチームでの勝負になるので，自分のチームだけではなく，ペアチームの作戦も理解することが求められました。

4 改善の具体がわかる！授業づくりのアドバイス

❶ チーム力を高める

　前述のように，クラスは，もめごとが多かったり，上手な子だけがゲームを進めたりするという実態でした。案の定，単元前半の様子を見ると，どのチームもまとまりがありませんでした。うまくいかないことを人のせいにして味方を責めたり，作戦を無視して1人でボールを持って走ったりしていました。そこで，子どもたちにフラッグフットボールを通して，技能や考える力だけでなく，チームで協力して，「チーム力」を高めてほしいと伝えました。さらに，そのためにはどうしたらよいか考えさせ，クラス全体で共有しました。また，それを掲示し，いつでも振り返られるようにしました。すると個人でプレーをしていた子どもたちに少しずつ変化が見られました。多くの子から「マイナスな言葉は言わない」「協力する」「作戦をお互いに理解する」など前向きな意見が出されました。チームの中には，休み時間にもどうすればよかったか作戦カードを使って話し合う姿が見られました。フラッグフットボールだからこそ作戦がクローズアップされ，子どもたちは自然と，さらにチーム力に目が向いていきました。

❷　フラッグフットボールの柱

　フラッグフットボールは思考力，判断力が求められ，攻守が分離していて，作戦が実行しやすいゲームです。だからこそ作戦がとても大事になってきます。授業では，子どもたちの実態を考慮し，「クロスして相手をだます」「クロスしてボール保持者を守りながら走る」というフェイクとブロックの作戦の基礎を提示しました。

　子どもたちは，単元が進むにつれ，ゲームに勝つためには陣地を前に進めていくことが必要であることに気づき始めました。そのためにはいきあたりばったりな動きではなく，作戦が重要であることを第4時までに確実に実感していました。どのチームも真剣にさまざまな作戦を考えていました。また作戦を考えるだけでなく，作戦を実行し，成功させるためにそれぞれの役割をゲーム中のハドル（試合中の作戦タイム）や振り返りのときに真剣に確認していました。単元後半では作戦を柱に考えるチームが増えました。さらに自分ではなく，仲間を生かそうという姿が多く見られました。

5　子どもがこう変わった！

　単元の後半では，負けが続いているチームほど，ゲーム中に前向きな発言が多く見られたり，真剣に話し合いをしたりする姿が見られました。さらにフラッグフットボールから離れたその他の授業や休み時間の姿にも変化が見られました。それは，以前のように失敗した人を責めたり，喧嘩をしたりするのではなく，他者を認め合う姿が見られるようになったことです。これは，子どもたちがフラッグフットボールを通して，協力したり，1つの目標に向かって頑張ったりすることを学んだからではないかと思います。

　また，今回，私は，「作戦」というものに重きを置いていました。私は，「作戦＝チームが1つになり，勝つためのツール」だと考えています。作戦がなければチームがまとまり，前に進むことはできないと考えます。最初は，作戦通りに動けなかったり，作戦を理解できなかったりしていた子どもたちも，単元の中盤から作戦の重要性を実感していました。チームでボールを前に進めるための作戦を真剣に考え，チームでブラッシュアップをしていました。運動が得意な子，苦手な子がチームの特徴を一緒に話し合い，「足の速い子に敵を引きつけて，違う子にボールを持たせる」といった作戦を考えるチームもありました。友達を生かしたり，友達の代わりに得点したりする楽しさを感じていました。また，作戦を上手に実行するために，休み時間に練習するチームも見られました。この作戦のおかげで運動や走るのが苦手だという子どもが大活躍していました。フラッグフットボールのおかげで嫌いだった体育が好きになったという子もいました。これは，本当にうれしい感想でした。私は，これからもチームで思考しながら1つになる大切さを伝えていきます。

（藤倉　基裕）

19 自分と仲間とスポーツと
対話でつくる　ろくむしベースボール

領域：ゲーム（ベースボール型）
学年：4年　時間：全8時間

Before & After

Before 想定していた授業

時	1	2	3・4	5〜8
ねらい	ろくむしのルール・学習の進め方を知る	ろくむしベースボールのルールを知る	攻防のおもしろさを味わうことができるように，ルール修正を行う	学級全体で統一したルールで，他のチームと交流戦を行う
主な学習活動	・チーム分け ・ルールの確認 ・試しのゲーム	・ルールの確認 ・試しのゲーム	・ゲーム① ・振り返り ＊ルールについて意見を出し合い，検討する ・ゲーム② ・振り返り，まとめ	・ゲーム① ・作戦について確認 ・ゲーム② ・振り返り，まとめ

After 実際の授業

時	1	2	3・4	5〜7	8
ねらい	ろくむしのルール・学習の進め方を知る	ろくむしベースボールのルールを知る	・チーム内でのルールづくりをする ・より得点を取るための方法やどうしたらより得点を取られないか考える	相手チームとルルを交換してゲームをする	ルール修正を行い，ベストルールをつくってゲームをする
主な学習活動	・チーム分け ・ルールの確認 ・試しのゲーム	・ルールの確認 ・試しのゲーム ＊ボールを投げ入れてからの安全地帯への移動	・子どもたちの困り感を共有する ＊より得点を取るためにはどこに投げたらいいかな？ ＊より得点を取られないためにはどうやって守ればいいかな？ ・ゲーム① ・ゲーム② ・振り返り	・自分のチームのルール説明 ・ゲーム① ・相手チームのルール説明 ・ゲーム② ・ゲーム③ （ゲーム③はルールを相談して決める） ・振り返り	・ルールを修正 ・ゲーム① ・ルールについて相談 ・ゲーム② ・振り返り

POINT1 子どもの思いに寄り添ったルールづくり

POINT2 ルールを交換してゲームをすることで，ルールの工夫を共有する

POINT3 自分たちのルールを再構築する

94

1 こんな授業をめざしたい！

本学級4年1組はとても素直で，元気な子どもが多く，どの学習に対しても活発に学ぼうとする姿勢が見られていました。しかし，グループが固定化していたり，積極的に他者とかかわろうとしない場面が見られたりするなど，関係性，かかわり方について教師自身が課題に感じているところがありました。また，体育の授業はみんな好きなのですが，球技に関しては苦手と感じていたり，ベースボール型ゲームのルールの難しさを感じていたりする子どもが見られました。そこで，ベースボール型ゲームのルールをよりシンプルにした「ろくむしベースボール」を提示し，そこから自分たちに合ったルールへと変えていくことを中心とした学習をめざしました。ルールづくりを行うことで，自己，対象となる運動，仲間との対話を促し，「自分たちのスポーツ」をつくっていってほしいと願い，構想した単元が「ろくむしベースボール」（図）です。

| ① 攻め側（子ども）は，1人ずつボールを子島の外に投げる。全員が投げ入れたら1回の攻守を交代する。
② 3対3でゲームをする。
③ ボールを投げ入れてから，子島から鬼ヶ島に移動する。1往復したら1人につき1点。3人が投げ終わるまでに何回往復できるかで得点を競う。
④ 攻め側の子どもが島から出ている間に，守り側（鬼）が走者にボールを投げて当てられればアウトにできる。 |

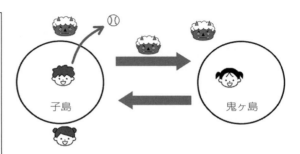

図　ろくむしベースボール　コート図

2 なぜ改善したの？

第2時にろくむしベースボールのルールを提示した後，ゲームを見ていると自分たちで「追加のルール」をつくっているチームがいくつか見られました。ルールを学級全体で統一しようかと考えていましたが，子どもたちにはルールへのこだわりがあったり，プレーしている環境に合わせてルールを追加している様子が見られたりしました。

ろくむしベースボールのもととなっているろくむしは，伝承遊びです。伝承遊びなので，地域や世代によってルールが違っています。そう考えると，チームによってルールが違うというのもおもしろいと考えました。また，そもそもルールとは，環境や今ここにいる仲間に合わせて変えていけるものです。おもしろさを共通理解した上でもっとおもしろさを味わえるように，各チームによってルールを追加・修正できることは自分たちのスポーツをつくっていくことにつながっていくと考えたのです。

3 改善の視点がわかる！単元づくりのポイント

POINT1 子どもの思いに寄り添ったルールづくり

ルールづくりを子どもたちが行う上で，困るポイントがいくつかあります。アイデアが出なかったり，話がまとまらなかったりするのです。それぞれのチームの雰囲気や1人ひとりの子どもたちのつぶやき，表情を読み取り，どの程度かかわるべきか，どんな言葉をかけるべきか，とても悩みます。アイデアが出なかったら他のチームのアイデアを提案してみたり，少し様子を見守ったりしながら適宜サポートしていきます。ときには子どもと一緒に悩んでしまうこともありますが，子どもたちの思いや考えに寄り添うことを特に意識しています。

POINT2 ルールを交換してゲームをすることで，ルールの工夫を共有する

自分たちのチームでつくったルールを相手チームに紹介して，ゲームをします（ゲーム①）。次に，相手チームがつくったルールを紹介してもらい，ゲームをします（ゲーム②）。そうすることで，相手チームのルールのよさに気づいたり，もっと違うルールにしたくなったりします。ゲーム③では，どちらかのルールでゲームをするか，新しいゲームをその場でつくってゲームをするか，子どもたちが話し合って決めます。そして，実際にゲームをすることでルールを工夫してゲームを行う楽しさを味わうことができます。

POINT3 自分たちのルールを再構築する

相手チームを変えてゲームをしてきたことにより，子どもたちの頭の中にはアイデアがいっぱいあふれています。そこで，ルール修正を行い，自分たちのチームにとってのベストルールをつくってゲームをします。自分たちでつくり上げたルールをブラッシュアップすることでさらにおもしろいゲームへと再構築していきます。自分たちのスポーツをつくっているという感覚を子どもたちがもてることが大切だと考えています。

4 改善の具体がわかる！授業づくりのアドバイス

❶ みんなが楽しめるルールづくり

ルールとは，環境や今ここにいる仲間に合わせて変えていけるものです。おもしろさを共通理解した上で，そのおもしろさをもっと味わえるように，各チームの状況によってルールを追加・修正できる単元計画を立てました。ところが，ルールづくりは簡単ではありません。あるチームでは，野球少年のAくんは遠くに飛ばしてはいけないというルールをつくりました。Aくんの振り返りには，「ゲームがおもしろくなくなった」と書かれていました。これでは，運動が得意な子はゲームが楽しめなくなってしまいます。

Aくんの振り返りに書かれた想いを全体で共有し，改めて「みんなが楽しめるルールづくり」を確認しました。そのチームでは，Aくんのチームは投げ入れる範囲を自分で選択して決めていいというルールを取り入れました。すると，Aくんは自ら狭い範囲を指定し，あえて自分の投げ入れる条件を制限することでゲームを楽しみ始めました。

みんなが楽しめるルールづくりを考えることで，集団でルールをつくることの難しさやルールというものは変えていけるということを学んでいってほしいと考えています。

❷ 勝ち負けだけではないスポーツの楽しさ

第5時からは自分たちのチームでつくったルールを交換し合い，ゲームをしました。黄色チームには，真ん中にケンステップを置き，必ずそこを踏んで塁を移動するというルールがあります。走者がボールに当てられないように広がって逃げてしまわないための工夫です。赤色チームには，前方180度しかボールを投げ入れられないというルールがあります。360度では，攻防のバランスが崩れてしまうために工夫していました。お互いのルールについての説明を聞き，それぞれのルールでゲームを始めました。すると，「ルール違反だよ！」「そんなルール聞いてないよ！」とルールを巡ってトラブルになってしまいました。ルールを再度確認し，ゲームをしますが険悪なムードが漂います。

しばらくすると，黄色チームから歓声が上がりました。赤色チームは守りの際に，役割分担をしっかりしており，中継プレーによって黄色チームをアウトにしたのです。相手チームのプレー，しかも自分たちはアウトになってしまったのに歓声が上がったのです。

授業の最後に，両チームが丸くなってゲームについて振り返りをしました。「赤色チームの守備がすごかった！」や「黄色チームのルールは工夫されていてとてもおもしろかったよ！」と認める意見が聞かれました。競争課題に没頭し，勝ち負けだけではないスポーツの楽しさを味わっている瞬間でした。

5　子どもがこう変わった！

自分たちでルールづくりをしたり，ルールを交換したりする中で子どもたちは熱心に話し合います。ときには喧嘩になってしまう場面もありました。しかし，その中で自分の意見を伝えたり，友達の意見を聴き合ったりすることで，よりよいゲームをつくっていきました。自分たちでつくり上げたゲームだからこそ，自分たちのスポーツとして誇りをもつことができたのだと思います。また，自分たちがつくったルールでプレーすることで，そこに役割分担が生まれ，ベースボール型のおもしろさをさらに味わっていく姿が見られました。その1つの場面が，相手のプレーを認める姿だったように感じます。

(工藤　翔平)

スポーツを，いつでも・どこでも・誰とでも！アダプテーションバレー

領域：ボール運動（ネット型）
学年：5年　　時間：全8時間

Before & After

Before 想定していた授業

時	1	2〜4	5・6
ねらい	はじめのルール・学習の進め方を知る	相手のコートにボールを落とすにはどうすればいいかを考える	みんなが攻防のおもしろさを味わうことができるように，ルール修正を行う
主な学習活動	・チーム分け ・はじめのルールの確認 ・試しのゲーム	・ゲーム① ・振り返り ＊相手のいないところに「落とす」ためにどうするかを考える ・ゲーム② ・まとめ	・対戦チーム決め① ・ルール相談会 ・ゲーム① ・対戦チーム決め② ・ルール相談会 ・ゲーム②

After 実際の授業

時	1	2・3	4	5	6〜8
ねらい	はじめのルール・学習の進め方を知る	相手のコートにボールを落とすためにどうしたらいいかを考える	チームの分け方について考える	どこからアタックをしたらいいかを考える	みんなが攻防のおもしろさを味わうことができるように，ルール修正を行う
主な学習活動	・チーム分け ・はじめのルールの確認 ・試しのゲーム	・ねらいの共有 ＊相手のいないところに「落とす」ためにどうしたらいいかな？ ・ゲーム① ・振り返り ・ゲーム② ・まとめ	・3回の感想を交流する ・仲間の困り事を共有する ・本単元の目標をつくる	・ねらいの共有 ＊「落とす」ためにどこからアタックをするとよいかな？ ・ゲーム① ・振り返り ・ゲーム② ・まとめ	・対戦チーム決め ・ルール相談会① ・ゲーム① ・ルール相談会② ・ゲーム② ・対戦チーム同士でのゲームやルールの振り返り

POINT1
攻防のおもしろさ

POINT2
仲間の「困り」に寄り添う

POINT3
対戦相手は敵じゃない

1 こんな授業をめざしたい！

社会に生きる1人ひとりの well-being が保障される，「共生社会」の実現がめざされています。それはスポーツにおいても同様で，「上手な人」「得意な人」が活躍するスポーツから，「いつでも・どこでも・誰とでも」スポーツに遊べる，豊かなスポーツライフを「創造する」力の育成が，これからの学校体育では求められるのではないでしょうか。そこで本単元では，ボールゲームの学習に「アダプテーション」の概念を取り入れることにしました。学習集団の中にある「技能差」「身体的特徴の違い」を受け入れ，その上で「攻防」のおもしろさが保たれるように「ゲームの仕組み」や「ルール」を工夫することで，「誰とでも」楽しめるスポーツ文化を「自分たちで創造する」ことのできる資質能力と，そうしたマインドを育むことをめざしました。

2 なぜ改善したの？

「いつでも・どこでも・誰とでも」を実現する上で重要になってくるのは，既存のスポーツに人が合わせるのではなく，いま，ここに集う「人にスポーツを合わせる」という発想です。既存のスポーツの仕組みやルール，行い方は決して万能ではなく，1つの様式にすぎません。裏を返せば，集まる人たちで「書き換え可能なもの」です。休み時間に行われる子どもたちの「運動遊び」はまさにその典型で，そこにある道具や環境，集まる人によって，柔軟にその行い方を変えていきます。そうした発想をむしろポジティブなものとして捉えていきたいのです。

その上で，ボールを「落とすか・落とさせないか」その攻防を味わえない仲間がいないかどうか，そうなってしまう要因はどこにあるのか，について仲間と議論をしたり，試行錯誤をしたりする中で子どもたちから出された課題に寄り添いながら，学習を進めていくことができるように，授業改善を行い，学習デザインを柔軟に変更していくこととしました。

3 改善の視点がわかる！単元づくりのポイント

POINT1 攻防のおもしろさ

ゲームの行い方やルールを書き換える，といっても，好きにしていいわけではありません。あくまでも，「何を競うことがおもしろいのか」，ここでは「落とすか・落とさせないか」をめぐる攻防を軸として，そのためにどうゲームやルールの修正をするのか，を考えることが重要です。そのことを明確にした上で，攻防にかかわる「問い」を明確にするとともに，その際のポイントを発見させていくというよりも，教師の側から提示し，それを「手がかり」として思考判断したり，攻防にかかわる戦術的理解を深めたりすることができるようにしました。

POINT2　仲間の「困り」に寄り添う

　多感な5年生という時代に生きる子どもたち。周りの目が気になったり，比較をしたり，目に見えない序列を意識したり。チームを決める際には「うまい順にドラフトをしたらいい」，ゲーム中には「うまい人がスパイクを打てるように」，そうした言葉が聞かれます。しかしそうした学習集団の「言葉」や雰囲気に，心を痛めている仲間もおり，その思いが学習感想に記されていました。そこで本単元の第4時を「教室での体育」としました。

POINT3　対戦相手は敵じゃない

　ゲーム修正を行い，「あなたも・わたしも」楽しめるゲームになっているのか。そのことについて丁寧に振り返るとともに，「じゃあ，今度はこうしよう」という次の見通しをもてるようにすることが重要だと考えました。その際には，「勝ち負け」というより，「ともに」楽しみあえるゲームになっていたかどうかを振り返る必要があると考えました。第4時でお互いの思いを語り合った子どもたち。だからこそ，「勝ち負けを競う相手である」という捉え方をやめることにしました。そこで，対戦チームとゲームやルールの修正について相談し，さらに，ゲームが終わったら，その対戦相手とともにゲームの振り返りをすることにしたのです。

4　改善の具体がわかる！授業づくりのアドバイス

❶　「落とすか・落とさせないか」を味わい，深める

　誰とでも，バレーボールのおもしろさを味わえるように。たしかにそうなると素敵です。けれど，「じゃあバレーボールって何がおもしろいの？」ということが共有されたり，そのための具体的なポイントが明確になったりしなければ，仲間や対戦相手に応じてどのように修正をしていいかわかりません。そこで，単元の前半を中心に「落とす・落とさせない」の攻防であること，さらに「落とすためにはどうしたらいいのか」ということについて考えることとしました。具体的には，「空いているところに落とす」ということになります。さらに第5時に，「空いているところに落とす」には，どのあたりからアタックをするといいかな？　と発問をすることで，ネット際からのトスアップ⇒アタックという意図的なプレイが多くみられるようになりました。加えて，「落とさせないようにする」ための守備側の立ち位置やブロックなどについて，子どもたちの気づきをモデルとして全体に共有します。では，「ブロックをかいくぐるためにどうするか？」子どもたちの中で課題が連続し，ゲームは白熱し始めました。

❷　「違い」をどう受け止めるのか？

　単元の中盤，体育ノートに悩みを書く子がいました。「私は運動が苦手で，どうやら邪魔みたい」。授業者としてはとても悲しい記述でしたが，一方でこれこそがこの学級，この単元で

取り組むべき課題について考えるヒントになる，と感じました。いつだって，ピンチはチャンスなのです。この子どもの困り事を学級で共有し，どのように単元を進めるか，みんなで考える時間をとることにしました。

　学級で聞いてみると，同様の「引け目」を感じる子どもが多くいることがわかりました。それに対して「下手だからしょうがないじゃん」「うまい人から順にドラフトでチーム決め直したい」と素直に語るスポーツ少年もおり，話し合いは混沌としました。授業者はここで，パラスポーツや「ゆるスポーツ」，地域の運動会などの映像を見せました。「うまくなることをめざすことはいいことだけれど，別にえらいことではない」こと，そして，「スポーツとは誰しもに開かれた文化である」ことを話しました。すると，それまで強い口調で話していた子たちからも，「自分にも焦りがあった」「あの子より下手と思われたらどうしよう，と感じていた」などといった胸の内が吐露されていきます。やはりみんな，周りの「見えない視線」を気にしながら，生活や学習をしていたのです。

　そうしたやりとりを経て，「誰しもが楽しめるバレーボールをつくることをめざしてみよう」という，単元のクラス目標を設定することとしました。それに伴って，チーム分けの仕方も，「技能」をあえて考慮せず，毎時間変え，「出会った誰かと」楽しんでみることに，対戦相手もリーグ戦やトーナメント戦とはせず，そのつどくじ引きで決めていくこととしました。

❸　「あなたも，わたしも」落とす・落とさせないを味わえるゲームに

　やはり技能差によって「攻防」のバランスが崩れてしまいます。またバレーボールの場合には，「身長差」も大きな要因です。そこで，「落とす・落とさせない」が味わえるように，「ルールを変えて，自分たちのオリジナルバレーをつくるんだ」と投げかけました。子どもたちの発想は柔軟です。「ネットの高さを変える」「片方のコートだけ狭くする」「背が低い子がいるチームにはアタックラインに台を置く」などが意見として生まれ，次々に試していきました。チームのメンバー，そして対戦相手が決まると，まずは全員で話し合い。「わたし小さいから台おいて？」「そっちバレーやっている子多いからコート広くしてよ！」など和気藹々としながら，素直に語り合う子どもたち。そして，ゲームが終われば，そのルールでみんなが「落とす・落とさせない」の攻防が味わえているか？　を視点に対戦相手と振り返りをしていきました。

5　子どもがこう変わった！

　「できないって言っていいんだ」「スポーツは自分たちのものなんだ」。これまでの価値観に揺さぶりがかかり，「強ばった」子どもの表情が時間を追うごとにほどけていくようでした。仲間の見方，スポーツの見方，そして学習集団の在り方が問い直され，温かくなる，そんな8時間を子どもたちとつくれたことが，授業者としての喜びです。

（久保　賢太郎）

21 スポーツはわたしたちがつくるもの つくろう！6年3組サッカー

領域：ボール運動（ゴール型）
学年：6年　　時間：全10時間

Before & After

Before 想定していた授業

時	1	2〜10
ねらい	はじめのルール・学習の進め方を知る	自分たちに合ったサッカーを考える
主な学習活動	・チーム分け ・はじめのルールの確認 ・試しのゲーム	・ゲーム① ・振り返り＊自分たちに合ったサッカーを考える ・ゲーム② ・まとめ

After 実際の授業

時	1	2	3・4	5	6〜8	9・10
ねらい	はじめのルール・学習の進め方を知る	キーパーの必要性について考える	ドリブルの在り方について考える	ボールを持たないときの動きについて考える	タックルの在り方を通して，誰もが楽しめるサッカーについて考える	オフサイドルールの在り方について考える
主な学習活動	・チーム分け ・はじめのルールの確認 ・試しのゲーム	・ねらいの共有 ・ゲーム① ・ねらいについての振り返り ・ゲーム② ・ゲーム③ ・ねらいについての振り返り				

POINT1
キーパーって本当に必要？

POINT2
タックルはあり？

POINT3
オフサイドの反則って必要？

1 こんな授業をめざしたい！

6年生の3学期，小学校生活最後の体育の単元としてサッカーを設定しました。サッカーは経験の有無によって技能差が大きくなってしまい，楽しめる子とそうではない子に分かれてしまいがちです。だからこそ，サッカー文化を学びながらも，自分たちに合った「サッカー」をつくっていってほしいという願いをもって単元を進めました。

2 なぜ改善したの？

この実践を実施した当時の学級では，スポーツ少年団でサッカーを行っている子どもが学級の半数近くいた一方で，身体を動かすことに抵抗感をもつ子どももいました。サッカーは，主に足でボールを操作することからボールコントロールが難しいため，手で扱うものよりも技能差が大きくなりやすい傾向にあります。このような状態にあっても，「みんなが楽しめるサッカーとはどんなサッカーなのか？」という問いを解決していくことは，今後の豊かなスポーツライフにつながっていくのではないかと考え，実践を行いました。

3 改善の視点がわかる！単元づくりのポイント

POINT1　キーパーって本当に必要？

本校で使用しているゴールは，横200㎝弱×高さ100㎝強の大きさでした。ゴール前にキーパーが構えてしまうとほぼゴールが決まることはありません。しかし，長い時間攻防を楽しむためには，得点が入りづらい方がいい……。どちらが自分たちに合っているのでしょうか。

POINT2　タックルはあり？

サッカー経験者が1人でドリブルでボールを運んだり，肩でガツガツと当たったりする様子が見られました。それをドン引きしながら見て，「怖い」ともらす子も……。タックルは「6年3組サッカー」にとって本当に必要なのでしょうか。

POINT3　オフサイドの反則って必要？

サッカーには，オフサイドの反則があります。テレビ等で見ていれば必ず出てくる言葉です。歴史上，待ち伏せが卑怯な行為であることからオフサイドが反則となったと言われています。では，「6年3組サッカー」にとってオフサイドの反則は必要なのでしょうか。

4 改善の具体がわかる！授業づくりのアドバイス

❶ 子どもたちが決めた役割「瞬間キーパー」

　単元のスタートに当たって，私からは「サッカーというのは，昔は相手のゴールにボールを入れたら終わりっていうお祭りから始まったという話がある。今回は，そこからスタートしてやってみよう」と話し，「主に足でボールを運ぶ」「相手ゴールにボールを入れたらゲーム終了」というルールで始めました。はじめのゲームはまさに団子状態で，得点はまったく入らない状態でした。私のクラスは，どのチームも全員で攻めに参加していたので，前線で待っている子にパスをすれば点が入るということに子どもたちは気づきました。しかし，そうなってしまうと，「すぐに点が入ってしまいおもしろくない！」ことになってしまいます。でも，ゴールにキーパーがへばりついていたら得点が入らなくて楽しめないし……。そこで提案されたのが「瞬間キーパー」というルールでした。みんなが攻防を楽しむためには，誰かがキーパーの役割をずっとするのではなく，「決められそう」と思ったら自ゴール前にいる人であればその瞬間のみ手でボールを操作できることになりました※1。子どもたちの中では，「みんなが攻防を長い時間楽しむためには，瞬間キーパーが一番いい！」という共通理解ができました。

> ※1　ちなみに，私の学級では「浮いているボールを操作するのは怖い！」という意見から，トラップをする際は手で叩き落としてもよいことにしようと合意形成をしていました。

❷ みんなが納得した「タックル」の使い分け

　単元が進むにつれてサッカー経験者同士がライン際でガツガツぶつかっている様子が見られるようになりました。その様子を見ていたサッカー未経験者の子が「怖い」ともらしたり，体育ノートに「あれは，危ない」と書いていたり……。この状況をサッカー経験者はどのように捉えるのか次のように子どもたちに投げかけました。

　「サッカーのもとのフットボールの始まりっていうのは，殴る蹴るがOKだったんだ。うちのクラスのサッカーはどうする？」

　担任が尋ねると，サッカー経験者の子たちも「それはちょっと……」「この単元は『みんなが活躍するサッカー※2』なんだから，ある程度でやめるとか考えてやろうよ」という話になりました。担任からは「一所懸命にやらないとおもしろくないけど，ガチすぎても嫌になっちゃう人がいるよね。バランスが大事なんだね」と伝えました。

　この後のゲームでは，サッカー経験者が状況を考えてタックルをしている様子が見られました。その様子に安心したサッカー未経験者の子どもたちは思いっきりプレーができるようになりました。

> ※2　単元を始めるに当たって，学級みんなでどんなサッカーにしたいか話し合ったところ「みんなが活躍するサッカー」にすることになりました。

❸ オフサイドは，「6年3組サッカー」では反則にしない！

　単元の後半になると，シュートが外れても「ドンマイ！」「次！　次！」，相手チームがいいプレーをしたら「ナイス！」という言葉が出て，笑顔があふれる温かい雰囲気の学習になりました。ゲームの様相では，サッカー経験者が後方にポジション取りをして，チームの友達みんなが活躍できるようにパスを回していました。ゴール前で待ち伏せをしているチームメイトにラストパスをねらっているのです。そんな中，私から「待ち伏せって本当にいいのかな？　サッカーでは，待ち伏せって，実はオフサイドって反則なんだ」と問いかけました。学級の33人は「待ち伏せはしてもいい」と主張していましたが，1人だけ「待ち伏せはよくない。ずるい！」と主張します。お互いの意見を尊重し合う話し合いの中で，とりあえず経験してみることが大事だとなり，待ち伏せなし，つまりオフサイドは反則にするルールで行うことにしました。

　待ち伏せなしのルールでゲームをすると，オフサイドポジションにいてはいけないことになります。つまり，今までゴール前でラストパスを待っていた子どもは中盤まで下がらなくてはならないことになってしまいます。結果，中盤にプレイヤーが集まってしまい，単元最初に見られた団子状態に戻ってしまったのです。そのため，ゴールが決まるかどうかがおもしろかったゲームが，まったくゴールが決まる気配がないゲームになってしまいました。

　ゲームを終えると，34人全員一致で待ち伏せはしてもいいということになりました。待ち伏せはよくないと1人主張していた子どもは「点が入る感じがしないからつまらない」と発言しました。また，他の子どもたちの体育ノートには「うちのクラスのサッカーにはオフサイドの反則はいらない」「ゴールが入るか入らないかのドキドキがまったくなくなる」「プロとかはうまいからオフサイドの反則があった方がいいだけ」ということが書いてありました。

5　子どもがこう変わった！

　実践を終えて5年生のときに実施した「キャッチバレー」の単元を思い出しました。「キャッチバレー」では，「勝てるからおもしろい」のではなく，「勝てるかどうかがわからないからおもしろい」ということを実感してもらいたく，負けたチームが自分たちのチームのコートを狭くしてもよいことにしていました。いわゆるハンディキャップを自分たちで考えてつけていいということです。そのときに勝ったチームのある子どもが「ハンディキャップはつまらない。同じ条件で勝負したい」と語っていました。その子にとってはきっと「勝つ」ことがスポーツにとって重要な要素だったのではないかと思います。しかし，6年生の「サッカー」では，その子もチームみんなにパスを回したり，ミスをしてしまった仲間に「ドンマイ！」「次！　次！」と励ましの声をかけたりしていたのです。「勝つ」ということに向かいながらも，攻防を楽しむために必要なことを学んだのではないかと考えています。

（小島　大樹）

22 「みんなが楽しめるためには」をともに探究 キャリーバスケット

領域：ボール運動（ゴール型）
学年：6年　　時間：全11時間

Before & After

Before 想定していた授業

時	1	2	3	4	5	6	7	8	9
ねらい・主な学習活動	（困り感・疑問・願いの交流）ゲームの体験	教師と子どもの願いをもとに，以下の内容を探究する						前時の振り返り	
		技能：シュート，パス，ボールを持たないときの動き						チーム練習	
		判断：空いている空間とタイミング						リーグ戦①	
		思考：効果的な攻め方・守り方，意図的なコンビプレー						チームで振り返り	
		戦術：カットイン，ポストプレー						リーグ戦②	
		ゲームの様相：密集→速攻→カットイン＆ポストプレーの活用						チームで振り返り	
		人間性：「競争―協同」の間にある矛盾，「できる―できない」「わかる―わからない」等の差を受け入れ，主体的に活動する						リーグ戦③	
		その他：ルールの変更・合意，おもしろさの追求						チームで振り返り	
								リーグ戦④	
		迫っていく順番は子どもたちと相談しながら決めていく						学級で振り返り	

はじめのルール

- 3対3 前後半でメンバー交代
- タッチされるまでボールを持って進んでよい。タッチされたら，その場に止まる
- タッチするとき「タッチ」と言う
- 得点後は，ゴール下からリスタート
- ボールがコートから出たら，そこからパスをしてリスタート

After 実際の授業

時	1	2	3	4	5	6	7	8	9	10	11
ねらい・主な学習活動	オリエンテーション／ゲームの体験	前時の振り返り	シュート練習（体育館の6つのゴールを1周しながらシュートを決める）								
		シュート調査	前時の振り返り	チームで本時の課題・めあて・練習内容・作戦の検討							
			3つの練習の紹介	前時の振り返り（子どもたちの様子・体育ノートの記述を中心に）							
			チーム練習	ワンパス体験	チーム練習					チーム練習	
		調査の振り返り		ツーメン体験						リーグ戦①	
			試しのゲーム①	3対2体験	交換留学制ゲーム①		試しのゲーム①			振り返り	
			振り返り		振り返り					リーグ戦②	
			試しのゲーム②	チーム練習	交換留学制ゲーム②		試しのゲーム②			振り返り	
			振り返り		振り返り					リーグ戦③	
			試しのゲーム③		交換留学制ゲーム③		試しのゲーム③			振り返り	
			振り返り		振り返り					リーグ戦④	
	体育ノートの記入＆学級での振り返り（情報交換，困り感の共有，他チームからのアドバイス等）										

POINT1 シュートが入りやすいところを調査！

POINT2 3つの練習案を紹介！

POINT3 交換留学制度を採用！

1　こんな授業をめざしたい！

ボール運動に取り組むと，子どもたちは競争と協同の狭間で葛藤します。点を多く取ることだけを優先すれば，卓越した技能をもつ子だけが活躍した方が勝てるかもしれません。しかし，それでは全員が楽しむことはできません。その運動だから習得できる内容を大切にしながらも，技能や認識の差，考えや願いの違いを乗り越えて，ルール，練習方法，作戦（共通意識）等を工夫しながら，みんなが楽しめる活動をめざしていく必要があります。そこで，今回は運動経験の少ない子どもたちの実態に合わせ，攻めがボールを持ったまま走ることができる「キャリーバスケットボール」に挑戦しました。

2　なぜ改善したの？

Before の計画をご覧になって「こんなにアバウトでよいの？」と疑問を感じた方もいると思います。ボール運動の学びにおいて，そのルールや構造だから味わえるおもしろさや，必要となる技能，効果的な戦術等の迫るべき内容は，たくさんの先行研究により明らかとなっています。しかし，それらを学んでいく順番や方法は決まっていません。子どもたちに必要感がないのに，教師が必要だと考えて教え込んでも，子どもたちは主体的に活動できません。さまざまな要素が絡み合うボール運動の学びだからこそ，学べる内容を想定して計画しながらも，子どもたちの困り感や疑問，願いに寄り添い，柔軟に課題を設定する姿勢が求められます。今回は，子どもたちの必要感に寄り添うことを優先し，3つのポイントに焦点を当てて取り組みました。

3　改善の視点がわかる！単元づくりのポイント

POINT1　シュートが入りやすいところを調査！

子どもたちがキャリーバスケットボールと出会い，最初に感じたのは「シュートを決めたい」という願いでした。ゲームをしながらシュートをうまくしていくこともできますが，それではゴールを決めたときの条件がさまざまで「どうして，今，シュートを決められたのか」原因がわかりません。さらに，苦手な子にとっては，ゲーム中にシュートを決めるのは困難です。そこで，オリエンテーションでゲームに取り組んだ際の「シュートが入らない」という困り感に寄り添い，全員で「どこから，どのようにシュートをすると成功率が高いのか」を調査しました。

POINT2　3つの練習案を紹介！

効果的なシュートエリアがわかっても，そのエリアまでボールを運ぶことができない状況が見られました。「ボールを持たないときの動き」がわかっていないからです。そこで，「ワンパ

ス」「ツーメン」「３対２」の練習を紹介して，ゴール型のゲームに共通して必要となる「カットイン」と「ポストプレー」という戦術（動き方）の理解を図りました。

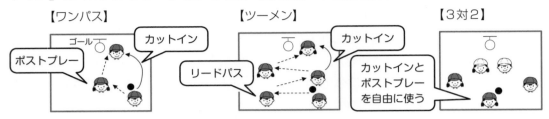

POINT3　交換留学制度を採用！

　第４時まで兄弟チームと呼ばれる決まった３チームでゲームを続けてきましたが，子どもたちから「毎回，同じチームで試合をするのはつまらない」という意見が出てきたので，１時間ごとに３チームから１チームを交換する「交換留学制度」を採用しました。

4　改善の具体がわかる！授業づくりのアドバイス

❶　子どもたちの困り感や疑問，願いを共通課題にする

　授業中の振り返りや，体育ノートに記入した学習感想には，子どもたちの素直な困り感や疑問，願いが表れます。初めてゲームに取り組んだ後には，「すぐタッチされてしまう」という困り感が共有されました。そして，その原因は「ルールにあるのか，技能や連携にあるのか」が検討され，子どもたちは「技能や連携を向上させていくこと」を目標として設定しました。

　第２時を終えた際には，ある子どもから「チーム内にプレーに参加できていない子がいる。どう思っているのか知りたいから，体育ノートをコピーして配ってほしい」という声が上がりました。そのことを素直に子どもたちに伝えると，子どもたちはどうするべきか話し合い，「必要なチームは学習感想のコピーをしてもらう」という方法を選択しました。

　第４時を終えた際には，「私がチームの足を引っ張っている。わがままだけど，シュートをしてみたい」という学習感想が，ある子どもから提出されました。次の時間，その感想が全体に共有されると，子どもたちの方からチームで話し合う時間を設定してほしいと訴えてきました。時間を設定して話し合うと「チーム全員の本音を知ることができれば，困っている子を助けられるかもしれない」と全チームが「名前を明記したまま学習感想を共有すること」を決断しました。

　バスケットボールでは，プレーヤーがボールを保持した際に，「自分」「ゴール」「相手」「味方」「ボール」「空間」「時間（タイミング）」等，そのすべての情報を瞬時に認識し，次の動きを導き出す必要があります。また，動きを導き出す際には，自分の能力とも向き合わなくてはいけません。そのような難しい運動だからこそ，「攻めはボールを持ったまま走ってよい」とする「キャリー制」を導入しましたが，それでも子どもたちにとって容易でないことには変わ

りありません。難しいからこそ，教師は子どもたちが困らないように，ついつい「教えること」を優先してしまいがちです。しかし，それでは子どもたちが，その活動や課題の必要性を実感できないことがあります。子どもたちの「今の思い」を大切にして，その困り感や疑問，願いから共通課題を設定すると，結果的にその運動の特性に迫ることにもつながります。子どもたちの思いから生じた共通課題に迫ることで，活動に没頭する子どもたちの姿が見られました。

❷ 子どもたちの必要感から生まれた手立て

　第1時に，初めてこのゲームを体験した子どもたちは「シュートが入らない」という悩みを抱えていました。そこで，第2時は，みんなでさまざまなところからシュートを打ち，入りやすいエリアを調査することにしました。その結果，人によって感覚は違うものの，いわゆる台形の付近が入りやすいことがわかりました。しかし，効果的なシュートエリアがわかっても，ゲーム中にはシュートが入りませんでした。

　次に，子どもたちがぶつかったのは「どのようにすれば，台形までボールを運べるのか」という課題です。このゲームに慣れていない子どもたちにとって，台形まで運ぶための方法をゼロから考えるのは，とても高いハードルでした。そこで，第3時に教師からカットインとポストプレーにかかわる3つの練習方法を紹介しました。子どもたちは，3つから選んで練習したり新たな練習を自分たちで考えたりと，それぞれの方法で課題解決に向けて取り組みました。また，第4時まで決まった3チームでアドバイスし合いながらゲームを繰り返した方が自分たちの高まりを実感しやすいと考えていましたが，子どもたちから「毎回，同じチームで試合をするのはつまらない」という意見が出てきたので，決まった3チームから1チームを交換する「交換留学制度」を採用することにしました。新たに対戦するチームとの出会いによって，さらにゲームに没頭する様子や活発にアドバイスをする様子が見られるようになりました。

　これらの手立ては，子どもたちの困り感や疑問，願いに耳を傾けたとき，必要だったからこそ生まれたものです。子どもたちとともに対話をしながら活動の方向性を決めていったからこそ，「改善の視点」に挙げた3つのポイントが生まれました。

5　子どもがこう変わった！

　「わがままだけど，シュートをしてみたい」と学習感想を書いた子も，単元の最後にはゲーム中に得点できるようになっていました。それは，この子自身が努力したことも要因ではありますが，それ以上に周りの子がこの子の願いに寄り添い，ともに課題解決に向けて対話し続けたことが要因でした。明確な学習のゴールイメージにとらわれすぎず，子どもたちの「今」の学びに寄り添い，子どもたちとともに解決策を考えていったことで，子どもたちの主体的に課題解決に取り組む姿がたくさん見られるようになりました。

（久我　隆一）

23 子どもが学びの主人公
願いを語り合うワンバウンドバレーボール

領域：ボール運動（ネット型）

学年：6年　　時間：全10時間

Before & After

Before 想定していた授業

時	1	2	3〜5	6	7	8
ねらい	試しのゲームをする	クラスの目標を決める	攻めと守りの戦術について考える	新しいルールのゲームに慣れる	チームで作戦を立ててゲームに取り組む	大会を開く
主な学習活動	・対面パス ・落としっこゲーム ・2on2 ・試しのゲーム ・振り返り	・バレーボールの歴史を学ぶ ・どんなバレーボールをめざすのか話し合う	・めあての確認 ・対面パス ・アタック練習 ・チームタイム ・ゲーム ・振り返り（ルールの追加・修正）	・めあての確認 ・対面パス ・アタック練習 ・チームタイム ・ゲーム ・振り返り		・チーム練習 ・ゲーム ・振り返り

After 実際の授業

時	1	2	3	4	5〜8	9	10
ねらい	試しのゲームをする	クラスの目標を決める（教室）	攻めの組み立てとキャッチの仕方について考える	チーム編成についての話し合い（教室）	素早く攻撃を組み立てるチームで作戦を考えてゲームに取り組む	大会の計画を立てる（教室）	総当たり戦を楽しむ
主な学習活動	・対面パス ・落としっこゲーム ・2on2 ・試しのゲーム ・振り返り	・バレーボールの歴史を学ぶ ・どんなバレーボールをめざすのか話し合う	・めあての確認 ・対面パス ・落としっこゲーム ・アタック練習 ・ゲーム ・攻めの組み立てとキャッチのモデル指導 ・振り返り	・皆が納得するチーム編成を話し合う	・めあての確認 ・対面パス ・アタック練習 ・チームタイム ・ゲーム ・振り返り（ルールの追加，修正）	・どんな大会にするかを話し合う（競い方，ルール，大会の流れ等）	・はじめの言葉 ・チーム練習 ・ゲーム ・表彰式 ・おわりの言葉

POINT1
子どもの実態を見取ってねらいを決める！

POINT2
チーム編成について，子どもから出た意見をもとに話し合う！

POINT3
ルールについて話し合い，自分たちのゲームをつくる！

1 こんな授業をめざしたい！

　私が担任していた６年２組は仲間意識の強い一方で意見のぶつかりを避ける傾向がありました。そのため，お互いの思いをぶつけながら自分たちの課題を解決する経験ができるよう提示した教材が「ワンバウンドバレーボール」です。バレーボールは「ラリーを続ける」ことと「ラリーを切る」ことの２つの運動課題がありますが，小学生で「ラリーを続ける」ことは難しいです。そこで子どもの実態を踏まえ，「ボールをはじかずにキャッチして操作してもよい」「自陣にボールが打ち込まれた後の最初のキャッチのみワンバウンドさせて捕ってよい」というルールを採用しました。それにより，攻防の緊張関係が保たれ，誰もがバレーボールの学習に参加できると考えました。けれども，単元を通してワンバウンドキャッチを認めていると，技能の発展に伴って得点が取りづらくなり，「ラリーが続いてつまらない」や，「ラリーを切るおもしろさをもっと味わいたい」という意見も出てくるだろうと，私は予想していました。その問題を解決するためには，技術・戦術学習にくわえて，皆でルールを合意形成していく必要があります。「ラリーを続ける／ラリーを切る」のどちらに比重を置いたルールにしていくかを話し合うことで，１人ひとりの願いを受け止めながら問題を解決していく学習に取り組み，「６年２組のバレーボール」を見つけてほしいと願いました。

2 なぜ改善したの？

　私は，子どもの実態に基づいたねらいを設定したいと考えています。試しのゲームの様子を見て子どもたちの技術的課題がわかったので，その課題に基づいてねらいを絞ることにしました。また，私は教師から提示されたスポーツを子どもが受動的に享受するのではなく，子ども自身がスポーツに意味を見出してほしいと考えています。そのため，バレーボールのルールの変遷や発展の歴史を学んだり，ルールやゲーム内容について毎回振り返ったりしながら，「６年２組の皆が楽しめるバレーボール」をめざし，ゲームを修正していきました。

3 改善の視点がわかる！単元づくりのポイント

POINT1 　子どもの実態を見取ってねらいを決める！

　試しのゲームでの子どもの様子を見ていると，「うまくキャッチができない」「どう動けば良いかわからない」といった子どもがほとんどでした。そこで，ねらいを絞って攻めの組み立てとワンバウンドキャッチの仕方の学習を重点的に行いました。アタックを打つまでの攻めの組み立てについては，ネットから遠くのアタックは相手に簡単にとられてしまうため，ネット際でアタックした方がよいことを考えました。ワンバウンドキャッチについては，手だけを動か

してノーバウンドでボールをとろうとしてミスをする子どもが多かったので，ボールの落下地点の後ろに動いてワンバウンドさせてからとった方がよいということを考えました。

POINT2　チーム編成について，子どもから出た意見をもとに話し合う！

　第3時の授業が終わると，Oくんがチームメイトに対して文句を言っており，チームを変えたいと私に言ってきました。それを聞いたチームメイトのKさんは泣いてしまいました。これは，「6年2組の皆が楽しめるバレーボール」をめざす上で，1人ひとりの能力の違いをどう克服していくか考えるチャンスだと私は思い，急遽チーム編成のことについて学級会を開きました。話し合いの中で，Oくんは「下手な人に足を引っ張られてゲームにならない。下手な人とはやりたくない」と主張します。泣いていたKさんも「どうして苦手な人はできないと決めつけるの」と自分の思いをぶつけます。話し合いの結果，チームは変えないことになりました。個人の能力差はあるけれど，今のメンバーで協力し，皆でうまくなろうという方向性を子どもたちが見出したのです。

POINT3　ルールについて話し合い，自分たちのゲームをつくる！

　私は，単元後半でバウンド後のキャッチ技能が高まり，アタックでなかなか点が入らなくなったときに，「ラリーが続くつまらなさ」が子どもたちから生まれると考えていました。そして，それを解決するために皆で話し合ってルールを考える中で，ラリーが続かなくなる「バウンドなしルール」のゲームを子どもが求めるのではないかと想定していました。実際に，ラリーがなかなか切れない状況が生まれていたので，単元後半に私から子どもたちにバウンドなしルールを提案しました。しかし，子どもたちは満場一致でバウンドなしルールに反対し，ワンバウンドルールによる「ラリー重視」のゲームを選択しました。教師の想定とは裏腹に，子どもたちは「6年2組の皆が楽しめるバレーボール」にしていくために，自ら合意形成してゲームをつくっていったのです。

4　改善の具体がわかる！授業づくりのアドバイス

❶　子どものキャッチ技能の高まり

　私は子どもの実態を踏まえて，ワンバウンドルールを採用しました。すると，子どもはアタックコースやボールのバウンドの位置・タイミングを予測・判断し，後ろに下がりながらアタックコースに入ってキャッチをするようになりました。単元後半ではほぼ全員が敵陣からアタックされたボールに対して予測・判断をしてキャッチをすることができるようになりました。ワンバウンドルールだとしても「予測・判断によるキャッチ技能」が身についたことで，緊張感のあるラリーが続き，すべての子どもがバレーボールの攻防を楽しむことができたのです。

❷ ネット際からの攻撃の有効性の理解

　単元が進むにつれて皆のキャッチ技能が高まり，子どもはアタックをするのにネットの遠くから投げたり，時間をかけたりしては得点ができないことに気がつきました。そして，子どもたちは相手コートにおける得点空間へ早く・正確にボールを送るためには，連携してネット際へ素早くボールを運び，ネット際でアタック技能を発揮する必要がある，と考えるようになったのです。このように，ワンバウンドルールで守備優位な状況にしたことで，3段攻撃の有効性を教師が教えこむのではなく，子どもたち自身が実感をもって「早くネット際にボールを運んでアタックする有効性」を発見することにつながったのです。

❸ 子どもはなぜ「ラリー重視」のゲームを選択したのか

　私が提案したバウンドなしルール（床に落ちたら得点）のルールが採用されれば，ワンバウンドルールのときよりアタックによる得点は増えます。それに伴い，有効なアタックを防ぐための守備技術や攻撃の技術が高まります。攻守の技術・戦術が高度化することで競技性は高まり，ラリーの質が発展し，より深いおもしろさを味わうことができると私は考えていました。一方で，技術・戦術の高度化を進めていくと，「ボール操作技能の能力差」を顕在化させもします。バウンドなしルールに切り替えたとき，ワンバウンドルールで救われていた子どもたちが苦しむことは明らかです。つまり，「高度化＝皆で楽しむ」とはなりにくい側面をもっているのです。バウンドなしルールは一部の子どもにとっては「バレーボールの戦術・技術の高度化」を楽しむことができる一方，ボール操作の能力差によって「皆で楽しむ」ことが難しくなり，今までのように緊張感のあるラリーを楽しめなくなることを子どもたちは恐れたのではないでしょうか。今のワンバウンドルールのまま，皆でバレーボールの攻防を楽しみたいと，6年2組の皆にとってのバレーボールの意味を子どもたちが見出したのだと私は感じています。

5 子どもがこう変わった！

　バレーボールが得意な子どもも苦手な子どもも，ワンバウンドルールのゲームを通して，皆でうまくなり，バレーボールの攻防を楽しむことができました。そして，常に「6年2組の皆が楽しめるキャッチバレー」をめざし，ルールについて合意形成を図ってきたことで，自分たちにとってのバレーボールの意味を見出せたと感じています。単元が始まる前，ルールを変えてゲームの競技性を高めることで，より深いバレーボールのおもしろさに触れることができると考えていましたが，ワンバウンドルールだとしても子どもたちはバレーボールのおもしろさに触れ，ラリーを楽しんでいました。子どもたちの姿を見て，子どもにとってのスポーツの意味を改めて考えさせられたと同時に，私のスポーツ観や教材観が揺さぶられた実践でした。

（鴨下　達郎）

24 からだで「わたし」を表現しよう！

領域：表現リズム遊び（表現遊び）
学年：1年　　時間：全5時間

Before & After

Before 想定していた授業

時	1・2	3〜5
ねらい	実物の模倣をしよう 新聞紙の動きをまねして表現する	イメージから表現しよう イメージを手がかりにして，動物の動きを表現する
主な学習活動	・まねっこあそび（ピヨピヨさん） 　先生のまね・友達のまね ・新聞紙と同じように動いてみよう！	・まねっこあそび（ピヨピヨさん） 　先生のまね・友達のまね ・動物のまねをしてみよう！

After 実際の授業

時	1	2	3	4・5
ねらい	新聞紙の動きをまねして表現する	詞のイメージをみんなで表現する	歌詞のイメージを自分で表現する	いろいろな姿勢でピタッと止まる
主な学習活動	・準備ダンス（エビカニクス） ・まねっこあそび（ピヨピヨさん） ・新聞紙と同じように動いてみよう！	・準備ダンス（エビカニクス） ・まねっこあそび（ピヨピヨさん） ・「お寺のおしょうさん」の歌詞に合わせて，みんなで動きをつくってみよう！	・準備ダンス（エビカニクス） ・まねっこあそび（ピヨピヨさん） ・「お寺のおしょうさん」の歌詞に合わせて，自分のイメージを表現してみよう！	・準備ダンス（エビカニクス） ・まねっこあそび（ピヨピヨさん） ・合図で止まろう。人数を増やしてもピタッと止まれるかな？

POINT1
歌詞から表現につなげる！

POINT2
前時と同じ動きでもよい安心感！

【引用・参考文献】
片岡康子（1991）「舞踊の意味と価値」舞踊教育研究会編『舞踊学講義』大修館書店，pp.3-8.
成瀬麻美・寺山由美・永原隆（2018）「小学校体育授業における表現遊びの即興時に現れる3つの模倣の動き――分類の観点」
　『体育学研究』63，769-784.
大村はま（1996）『新編　教えるということ』筑摩書房，pp.64-72.
鈴木裕子（2012）「模倣された子どもにもたらされる身体による模倣の機能と役割」『保育学研究』50（2），141-153.
寺山由美（2017）「『表現運動・ダンス』領域における『身体表現』」――「意図のある動き」の形成から捉え直す」『体育・ス
　ポーツ哲学研究』39（2），95-108.

1 こんな授業をめざしたい！

❶ 子どもたちの実態

「1対1では楽しく話ができても，集団になると自分の言いたいことが言えなくなってしまう」そんな子どもたちの実態がありました。そこで，「他者とかかわりながら学ぶ楽しさ」「自分を表現することの楽しさ・気持ちよさ」を感じてほしいと思い，表現遊びを実践することにしました。クラスの子どもたちの中でも，特に気になっていたのがAさんでした。Aさんは，「本当はこうしたかったんだよね」「こう思っていたんだけど，言えなくて悔しかった」など，そのときできなかった悔しさをよく語る子でした。こんなAさんの気持ちに寄り添いたい，Aさんが一歩踏み出すきっかけをつくりたいという思いも込めて今回の表現遊びを構想しました。

❷ なぜ表現遊びなのか

子どもたちの実態から，なぜ表現遊びなのか，そこには2つの理由があります。

まず，表現遊びは，できる・できない，勝つ・負けるという概念にとらわれず，自分の感じたことを身体で表現することで，言葉を介さずに心を通わせることができる運動と言われています（成瀬・寺山・永原，2018；片岡，1991）。このことから，自分から「発話」という形で自己表現ができなくても，表現遊びの特性を生かすことで，自分を表現するおもしろさに触れることができるのではないかと考えたのが，1つ目の理由です。

次に，表現遊びの基となる舞踊のおもしろさと実施時期が関係しています。舞踊には，①創造と結びつくおもしろさ，②心身の均衡を失わせるおもしろさ，③新たな自分に偶然出会うおもしろさ，④型を覚えて熟達するおもしろさの4つの側面があると言われています（片岡，1991）。また，この実践の2週間ほど前に，運動会の代替行事で「ふりうつし」のリズムダンスを行っていました。最初は恥ずかしいと言っていたAさんも，練習を始めて1週間ほど経過した頃から，自分から「踊りたいから音楽をかけて」と言い，リズムダンスを楽しむようになっていました。このことから，Aさんは舞踊のおもしろさのうち，「④型を覚えて熟達するおもしろさ」を味わっていたのではないかと考えています。このように，舞踊のおもしろさの一側面に触れた今だからこそ，表現することのおもしろさに触れる契機になるのではないかと考えたのが，2つ目の理由です。

❸ 構想した実際の授業

低学年の表現遊びでは，子どもにとって身近でダイナミックな動きや特徴のある動きを豊かに含む題材である，動物や乗り物などを表現する活動が多く行われています。しかし，今回焦点を当てたAさんは，思いはあってもそれを表現することに抵抗があるため，身体を使ってイメージしたものを表現することにも抵抗があるのではないかと考えました。そこで，実物を手

がかりにして，見たものの動きや様子をまねする活動を最初に設定しました。今回は，子どもたちにとっても身近で，くしゃくしゃ，ビリビリなどの形態の変化がしやすいという理由から，新聞紙を題材として選定しました。

2　なぜ改善したの？

　新聞を見せると，子どもたちは大盛り上がりで，新聞に興味津々でした。新聞をくしゃくしゃにすると，自分の身体も折り曲げたり捻ったりしたり，新聞を破るとひらひら舞っていく様子を手で表現したりする姿が見られました。Aさんも楽しそうに活動していました。しかし，新聞のまねをすることよりも，新聞を触ることを楽しんでいる子どもたちも少なからず見られました。このままでは新聞で遊ぶ授業になってしまうと思い，主運動を変更しました。

3　改善の視点がわかる！単元づくりのポイント

POINT1　歌詞から表現につなげる！

　今回の実践をするにあたって，Aさんを変えたい気持ちは担任として譲れない部分だったので，イメージするための手がかりを用意することは外せない条件でした。しかし，前時の反省から，実物を提示しても模倣しようとする意識に結びつきにくいことがわかっていたため，「お寺のおしょうさん」という童歌の歌詞をイメージするための手がかりとして選びました。

　単元の2時間目は，歌詞のイメージから，クラス全員で即興的に動きをつくりました。Aさんが動きの案を出すことはありませんでしたが，友達が提案した動きをまねしながら動いている様子が見られました。

POINT2　前時と同じ動きでもよい安心感！

　できそうだと思ったら自分のイメージで表現し，難しそうだったら前回みんなで考えた動きを選んでもよいことを伝え，授業を進めました。Aさんはどうするのかと思いながら見ていると，Aさんも自分のイメージで表現を始めました。どのような動きをしていたかというと，「花が咲いて」という歌詞の部分では，立位姿勢で両腕を上にした状態で花が咲いているところを表現し，「枯れちゃって」の部分で腕→胴体→腰→膝の順番で，地面に崩れ落ちていく動きをしていました。必ずオリジナルの表現をしなければならないという状況ではなく，可能であれば自分のイメージを表現しようという適度な安心感のある状況が，Aさんのこのような姿を引き出したと考えられます。

4 改善の具体がわかる！授業づくりのアドバイス

❶ クラスの実態と個の実態のバランス

　私は，Ａさんへの思いが強いあまりに，学級全体としての実態の捉えが甘くなってしまっていました。クラスを構成しているのは，紛れもなく子どもたち１人ひとりです。「子どもは，常に１人ひとりを見るべきであって，束としてみるべきものではない」（大村，1996）と言われるように，教師が１人ひとりの子どもに目を向け，成長を願うことは非常に大切です。しかし，集団で学校生活を送っていることもまた事実です。そのため，集団としてのクラスの実態を捉えることと同時に，クラスとしての成長を願うことも必要だと感じています。だからこそ，個をみる視点と集団をみる視点の両者のバランスが非常に重要だと言えます。

❷ 表現遊びの魅力と友達の存在

　POINT2 で示したＡさんの動きを見ていた見学の友達が，「Ａさんすごーい」と叫んだことをきっかけに，全体でＡさんの動きを共有しました。他の友達もＡさんの動きを絶賛し，その後，Ａさんの動きをまねする子がたくさん出てきました。このような授業中の１コマは，いつでも，どこにでもある瞬間だと思います。

　舞踊には，自分から他者に影響を与える側面と，自分から他者を介して再び自分に影響を与える側面があると言われています（鈴木，2012；寺山，2017）。このことについて今回の授業場面で考えると，見学の友達の言葉をきっかけに，みんながＡさんの動きをまねするようになりました。これが自分から他者へ影響を与えた側面と考えられます。そして，みんながＡさんの動きをまねしたことにより，Ａさん自身が自分のイメージで表現できたことに気づくことができました。これが自分から他者を介して再び自分に影響を与える側面と考えられます。このようにして，Ａさんは舞踊のおもしろさの側面のうち，③新たな自分に偶然出会うおもしろさを味わうことができたのではないかと考えています。

5 子どもがこう変わった！

　今回の実践を通して，Ａさん自身の学習や生活の様子に変化が現れたと感じています。単元終盤でも，自分のイメージを表現したり，表現を通して自分から友達とかかわったりする様子が見られたりしました。また，音楽の授業では，表現遊びのときのように，拍を体全体で感じたり，歌のイメージに合わせて体を動かしたりするようになりました。おそらく，今回の表現遊びの授業が，Ａさんにとって「このクラスは自己表現してもいい場所なんだ」「自分にもこんな表現ができるんだ」と気づくきっかけになったのではないかと考えています。（戸田　圭美）

おわりに

「なぜ，サッカーなのか？」

　これは，東京学芸大学附属世田谷小学校で行った教育実習における授業検討の場で，内田雄三先生と鈴木聡先生から投げかけられた問いである。思いもよらない問いかけに対して，あまり深く考えることもなく，「自分自身がサッカーに興味があるから」「みんなで楽しくできそうだから」「学習指導要領に載っているから」といった返答をした。すると，お2人から「サッカーを授業で扱うことによって，どのような力を育てたいのか？」「『サッカー』という教材で，何を教えたいのか？」と再度質問された。その場で答えられなかった私たち体育科の実習メンバーは，先行研究や先行実践を洗い出したりサッカーに関する書籍を読みあさったりしては情報を共有し，指導の目的や内容を明確にしようと励んだ。この一連のやりとりを通し，また実際に子どもたちとともに授業を営む中で，教師という仕事のおもしろさを実感することができた。

　そして教育実習終了時，本研究会の例会にお誘いいただいた。学生であった私は「研究会」という言葉に正直怖気づいた面もあったが，小学校教師になることを心に強く決めていた私は，思いきって飛び込むこととした。これが，本研究会との出逢いである。国公私立小中学校現役教師，ご退職された先生方，大学教師，出版関係者。実にさまざまなメンバーで構成され，実技研修を行ったり，1つの授業をじっくり検討したりと，非常に刺激的で毎回目から鱗が落ちる思いであった。そこでもやはり軸にあるのは，その教材の意味や価値，子どもの事実であった。そして実践報告の場においては，「授業を通して，子どもたちがどのように変わったのか？」ということが鋭く問われ，それを根拠として議論を深めていったのである。入会から年月が経ち，事務局長を継いで例会の企画・運営を担ったときも，その軸がぶれることはなかった。先生と子どもたちがともに営んだ授業に寄り添いながら，様相を把握し，その要因を追究した。そして，各々が自身の実践との共通点や相違点を挙げ，新たな発見が生まれることも多かった。

「その教材で，何を教えたいのか？」

　本書にて実践を紹介しているメンバーにこう問いかけたら，きっと1人ひとりが自身の考えを熱く語ることだろう。なぜなら，本研究会の授業検討において，それはつねに問われていることだからである。しかしながら，決して未来永劫唯一絶対というものはない。だからこそ，授業における子どもたちの事実を基に検討を重ね，つねに問い直し更新し続ける必要があると言える。読者の皆様も，日々多忙の中とは思うが一度立ち止まって，ご自身の授業について振り返ってみてはいかがだろうか。そしてぜひ，子どもや授業に対する願いや考え，また悩みなどをまずは同僚と語り合っていただけたらと思う。本書がそのきっかけとなったら，これほどうれしいことはない。

2023年2月

　　　　　　　　　　　　　　　　　　　　　　　　　　　　　　　　　　長坂　祐哉

【執筆者一覧】（執筆順）

内田　雄三　　白鷗大学

鈴木　　聡　　東京学芸大学

久我　隆一　　調布市立八雲台小学校

久保賢太郎　　東京学芸大学附属世田谷小学校

佐藤　洋平　　東京学芸大学附属竹早小学校

矢邉　洋和　　神奈川県川崎市立宮﨑小学校

早川　光洋　　東京学芸大学附属竹早小学校

齊藤　慎一　　東京都杉並区立馬橋小学校

直井　典之　　東京都日野市立平山小学校

鈴木　正利　　東村山市立久米川小学校

久保　　州　　東京都世田谷区立砧南小学校

庄司　佳世　　東京学芸大学附属世田谷小学校

植阪　知哉　　東京都杉並区立馬橋小学校

鴨下　達郎　　東京都昭島市立東小学校

齋藤　　裕　　神奈川県横須賀市立荻野小学校

藤倉　基裕　　東京都北区立赤羽台西小学校

長坂　祐哉　　東京学芸大学附属世田谷小学校

原田　雄太　　東京都杉並区立杉並第二小学校

中倉　　駿　　東京都日野市立豊田小学校

工藤　翔平　　東京都東久留米市立小山小学校

小島　大樹　　調布市立八雲台小学校

戸田　圭美　　神奈川県横須賀市立浦賀小学校

【編著者紹介】

学校体育研究小学部会
（がっこうたいいくけんきゅうしょうがくぶかい）

1963年，小学校実践研究の場として，丹下保夫により創設された民間研究団体である。創設当初より，東京学芸大学教育学部附属世田谷小学校に勤務していた岡田和雄を中心として，理論学習と小学校体育実践の往還を志した精力的な授業研究を行う。その後，生活体育実践の検討や技術の系統性研究，教材開発など時代ごとに中核となる研究テーマは移り変わりながら，授業実践のリアルとその中に現れる「子どもの事実」に徹底的にこだわるという，創設当時からの志は現在にまで引き継がれ，月1回の月例会は700回に迫る。また，その中で「シュートボール」や「こうもり振り下り」「セストボール」などの優れた教材が生み出されてきた。こうした教材は，現在全国各地で行われるようになっている。

現在は，「子どもへの教師の願いと教材選択」「教師 - 教材 - 子どもの教授学的関係による授業デザイン」を中心的なテーマとして，月1回の月例会を中心に実践研究を行なっている。

体育科授業サポートBOOKS

Before & After でよくわかる！
子どもとともにつくる体育授業改善プラン

2023年4月初版第1刷刊 ©編著者 学校体育研究小学部会
発行者 藤 原 光 政
発行所 明治図書出版株式会社
http://www.meijitosho.co.jp
（企画）木村 悠（校正）㈱APERTO
〒114-0023 東京都北区滝野川7-46-1
振替00160-5-151318 電話03（5907）6703
ご注文窓口 電話03（5907）6668

＊検印省略

組版所 藤 原 印 刷 株 式 会 社

Printed in Japan ISBN978-4-18-226524-2
もれなくクーポンがもらえる！読者アンケートはこちらから →